100
IDEAS
para MAESTROS de niños
e625.com
AF269476

100 IDEAS PARA MAESTROS DE NIÑOS
e625 - 2017
Dallas, Texas
e625 ©2017 por e625

Todas las citas Bíblicas son de la Nueva Biblia Viva (NBV) a menos que se indique lo contrario.

Editado por: **Lucas Leys**
Diseño Interior: **JuanShimabukuroDesign**

ISBN: 978-1-946707-75-8

IMPRESO EN ESTADOS UNIDOS

COLABORADORES

BERY GÓMEZ,
DAVID MANGIERI,
CASSY VIVEROS,
VALERIA LEYS

Y MIEMBROS DEL EQUIPO DE
RECURSOS DE E625.COM

PRESENTACIÓN IMPORTANTE

¿Quién no necesita ideas? Todos las necesitamos. Ideas frescas, excéntricas, inolvidables y osadas. Sobre todo, cuando el propósito es cautivar a un grupo selecto de personas con las verdades eternas de Dios.

La creatividad es un regalo del cielo y una gran noticia que tenemos para darte es que la creatividad de otros puede también ser tu creatividad. ¿Quién lo sabe todo por generación instantánea? Solo Dios. Los demás, aprendemos compartiendo ideas unos de otros y de eso se trata este libro y esta serie (Este libro es parte de otros materiales de este estilo).

La creatividad se aprende. Demanda trabajo y planificación. Requiere algo de desinhibición cognitiva, fe y amor. ¿Por qué amor? Porque si te desespera que tu público aprenda, es porque les amas y cuando les amas, no tienes tantas trabas emocionales y excusas para no usar la creatividad y exponerte a hacer cosas diferentes.

EL GRAN POR QUÉ

El punto de usar la creatividad en el ministerio no es ser creativos, sino eficaces y fieles y lograr lo que Dios puso en nuestras manos para lograr.

Yo me resisto a esa idea anti bíblica de que si es espiritual es aburrido y si es aburrido es porque es espiritual. *¿Por qué espiritual no puede ser emocionante?* Lo emocionante es divertido. Atrapa y seduce y para eso usamos la creatividad. Nuestras actividades deben dejar en claro que no hay nada más emocionante que estar en la voluntad del Dios que nos escogió para una vida abundante (Juan 10:10) que sea catalizadora de su gracia (Efesios 2:10).

De manera aislada, casi todas estas ideas te pueden hacer creer que tu tarea es hacer algo espectacular para que tu público crea que eres espectacular. Pero sería un despropósito que el punto sea ese. El objetivo de cada idea está anclado en la pedagogía. Usamos estas ideas para enseñar. No siempre y no todas para dar una clase bíblica, porque también es bíblico trabajar en las relaciones (Marcos 3:14) pero sí, por amor a la tarea que tenemos entre manos y a las personas a las cuales servimos.

DE LAS IDEAS A LA ACCIÓN

Quienes trabajamos en este libro no conocemos a tu público como tú, lo cual quiere decir que todo lo que leas demanda una adaptación y también un plan de ejecución. En muchas ocasiones el «timing» (o dicho en español, encontrar el tiempo oportuno) define el resultado de una idea más que la idea en sí misma. Lo que sabes de tu público determina si una idea es realizable o no con ellos, aunque igual, a veces te puedes sorprender.

Las ideas no tienen pies, manos u ojos, pero tú si así que no es que las ideas trabajan o no, sino que nosotros debemos trabajar para que las ideas lleguen a la acción.

Planea con anticipación. Creatividad no es sinónimo de espontaneidad. Si la idea requiere materiales, lo primero es conseguir los materiales. Si la idea demanda cómplices, prepara a los cómplices lo mejor posible de antemano.

Calendariza las ideas porque si esperas a la situación ideal para realizarlas, es posible que nunca vayan a suceder. Eso no quiere decir que no busques el tiempo oportuno como ya dijimos, pero oportuno no es sinónimo de perfecto.

LO VERDADERAMENTE SAGRADO

Por último, te recuerdo que prácticamente ninguna de las actividades que hacemos en el ministerio son sagradas. Lo sagrado es la palabra de Dios y las personas a las cuales servimos. Los horarios, comportamientos y costumbres son detalles de los usos de cada contexto. Ni siquiera el templo es sagrado porque Dios no habita ahí (Hechos 17:24). Ni el horario de la reunión, la manera de sentarse, o el orden de actividades está en la Biblia lo cual quiere decir que Dios te dio libertad creativa para implementar distintas ideas de cara a la misión de hacer discípulos (Mateo 28.18). Claro que debemos ser sensibles a lo que nuestra comunidad interpreta de cada costumbre (Romanos 14:1-2) y que siempre debemos estar seguros de no ser cómplices de rebeldía barata o bajar los estándares de moralidad, pero con sentido común, en todo se puede innovar para ser cada vez más fieles a la tarea que Dios puso en nuestras manos.

¡Ánimo en Jesús!

Dr. Lucas Leys
Autor. Fundador de e625.com

CONTENIDO

TU LISTA DE IDEAS

IDEAS generales

1 NO DUPLIQUES LA ESCUELA

Los niños ya pasan mucho tiempo en la semana sentados en un salón de clases y la mayoría te diría que no les gusta la escuela e incluso algunos se alegran de salir temprano de vez en cuando. ¿Por qué duplicar ese lugar en la iglesia?

El origen reciente de la escuela bíblica lo heredamos de Inglaterra donde durante la revolución industrial y debido a que muchos niños trabajaban, se decidió que las iglesias podían ayudar a los niños a no perder sus estudios ofreciéndoles una escuela los domingos y por eso se conoció como «escuela dominical».

Hoy muchas iglesias ya no llaman a sus esfuerzos con los niños, la escuela dominical, aunque la contundente mayoría repite el modelo sin el nombre.

Lo que nos toca es cautivar a nuestros niños con los valores del evangelio y necesitamos crear un ambiente dónde se faciliten experiencias de aprendizaje y socialización. Un ambiente a dónde quieran traer a sus amigos.

Piensa fuera de la caja o en este caso, de la escuela.

2. ELIGE TU IDENTIDAD IDEAL

Es importante que el ministerio de niños tenga una identidad propia y que sea atractiva. Dale un nombre y logo único que llame la atención de los niños pero que les de confianza a los padres. Busca personas de tu equipo que puedan ayudarte a desarrollar la identidad del ministerio. Involucra a los niños y pídeles ideas para decorar y que te ayuden en la decoración una vez que un logo, un nombre y un «look» o una paleta de colores esté definida.

Considera ideas que reflejen la cultura de los niños, la iglesia y la ciudad. Identifica las edades que serán parte de tu ministerio y enfócate en destacar cada una de ellas.

Si tu ministerio ya tiene un nombre y un logo y crees que es viejo o debería ser mejor, háblalo con otros líderes y tus supervisores. La razón para tener esos nombres no puede ser la nostalgia de que «siempre se llamó así». Los niños de tu ahora no tienen la culpa de lo que se decidió en tu ayer.

3. SIMPLIFICA LA META

¿Por qué hay un ministerio de niños en tu iglesia? La pregunta parece tener una respuesta obvia pero no siempre lo es. Luego del «por qué» hay que definir el «para qué.» ¿Cuál es el propósito de tu ministerio de niños? ¿Hacia dónde buscas dirigir a las familias a las que pertenecen esos niños? ¿Que te gustaría ver a Dios haciendo en la vida de la gente a través del ministerio de niños? ¿Que te gustaría que los niños y familias supieran, hicieran y fueran?

Simplifica todo eso en un párrafo y trabaja con tu equipo para establecer una declaración de misión. Que sea precisa y no exagerada (evita la palabra «mundo») y también, que sea entendible para los niños.

4. MIRA CON OJOS DE NIÑO

Recorre el programa de tu iglesia con los ojos de un niño para intentar sentir lo que ellos sienten con él. ¿Se sienten felices e importantes de estar allí? ¿Se sienten seguros o es un lugar amenazante?

Ejercita tu mirada pensando desde la perspectiva de los niños y de las niñas e incluso piensa en edades, niveles de maduración y diferencia si estás mirando con los ojos de un niño que todavía no tiene amigos en la iglesia o una que es hija de una pareja de líderes de la iglesia. ¿Estas dejando a alguien afuera? ¿Se siente bienvenido un niño que viene por primera vez? ¿Avanza en su aprendizaje el que viene hace tiempo? Trata de interpretar lo que ellos sienten y si necesitas ayuda, pregúntales.

5. NO REINVENTES LA RUEDA

La razón por la que tantos ministerios de niños se encuentran sin un foco o programa de enseñanza definido es porque a principio de año decidieron escribir su propia guía de temas y una secuencia lógica de enseñanza, pero fallaron en darse cuenta qué crear tu propio programa de estudios demanda horas y horas de preparación semanal que no todos tenemos... y por eso. ¿Para qué inventar tu propio programa de estudios si hay organizaciones especializadas que han invertido esa cantidad de horas para ayudarte a tener buenas lecciones y series de aprendizaje por edades? Visita tu librería cristiana amiga o busca online buenas series y lecciones de enseñanza bíblica para los niños que tienes a tu cargo. Te sorprenderás de la gran cantidad de materiales que hay.

Claro que nadie conoce a tus niños como tu así que siempre tendrás que adaptar cualquier material, pero no es lo mismo que empezar de cero.

Y si en tu iglesia las reuniones son mini cultos de adultos dónde hay mini sermones para los niños que no tienen ninguna conexión entre si cada fin de semana.... Deja de hacer eso porque tus niños se merecen aprender de manera ordenada y no siempre con enseñanzas sueltas.

Busca la guía del Espíritu Santo primero y buenos materiales después y enseña en un programa de estudio con objetivos claros para cada clase y para cada serie. El ministerio de niños no es un culto de adultos con más canciones y un tono aniñado.

6. ALMACENA RECURSOS

Consigue algún cuarto de la iglesia o al menos un buen armario o ropero para

almacenar materiales para juegos, manualidades, días de lluvia, campamentos y reuniones especiales.

Recicla de actividades especiales de cualquier otro ministerio de la iglesia y recolecta útiles de trabajo manual para que «no tener materiales» nunca sea la excusa de hacer actividades creativas dónde los niños sean los protagonistas del aprendizaje y no tan solo oidores quietos de un sermón.

7. QUE REGRESEN ES TAN IMPORTANTE COMO QUE LLEGUEN

En muchas congregaciones se hacen actividades especiales para que mucha gente llegue en fechas especiales, pero sin darle mucha cabeza a cómo asegurarnos que regresen.

Claro que lo primero es asegurarte que tengan una experiencia única. ¿Alguna vez has tenido una mala experiencia en un restaurant o negocio? Seguramente no quieres volver, y lo mismo pasa con la iglesia.

Hoy es muy difícil competir con el mundo de los video juegos y las películas, pero si podemos asegurarnos que se sientan amados y escuchados y que hicieron amigos además de que «hicieron» algo y no solo que escucharon a otra persona hablar.

Luego, dale seguimiento a su visita. Asegúrate de siempre recolectar los datos de todos los nuevos que te visiten y no dejes pasar más de tres días luego de su visita sin que su familia reciba un email, un llamado o una notita de tu parte. Agradéceles por sus asistencias y diles que a ti y a los otros niños les gustaría volver a verlos.

8. EVITA LOS UNIPERSONALES

Ningún ministerio puede depender de una sola persona. Si en tu iglesia acostumbran a asignar una clase a una sola persona, rechaza la oferta y explícales  que quieres hacerlo, pero con ayuda.

En los principales centros educativos del mundo se le presta muchísima atención a la proporción niños- adultos y distintas referencias apuntan a un líder cada seis niños. Claro que esos líderes pueden ser adolescentes voluntarios que te ayuden con las tareas de recepción y que todo esté listo y también padres que están presentes para ayudar también. No hace falta que todos sean la persona principal a cargo, pero si pueden sumar roles de asistencia.

Involucra a más personas en tu ministerio y hazles parte de la panificación y la ejecución de las ideas. Tu trabajo será más fácil y también será más eficaz.

9. SI NO FUNCIONA, NO FUNCIONA.

Prueba cosas nuevas, pero si te das cuenta de que no funcionan, tienes que saber pasar rápido a la siguiente opción.

Esto no quiere decir que debes descartar cualquier cosa que no produzca una reacción instantánea de éxito. Algunas actividades, lecciones y programas necesitan un periodo de adaptación para tomar vuelo, pero si pasadas unas semanas los cambios o los nuevos planes no están funcionando como pensabas, no te encapriches y cambia. Hay muchos factores que pueden hacer que una idea no dé resultado y el fracaso de la idea no es tu fracaso. Respira y vuelve a apuntar a la misión.

10. EL PRESUPUESTO

Tu ministerio de niños necesita dinero y cómo lo uses refleja qué es lo que tiene importancia para ti. Como se gasta tu presupuesto demuestra en dónde están tus prioridades y tus solicitudes para fondos adicionales para proyectos especiales indican cuál es tu pasión.

Siendo honestos, todos necesitamos más dinero para nuestros ministerios. Si estás buscando desesperadamente alcanzar a los niños y sus familias en tu comunidad, debes estar buscando fondos constantemente.

En algunas iglesias, la mayoría de los involucrados en el ministerio de niños no saben si hay un presupuesto o no creen que es importante y esta idea ingenua deteriora las posibilidades de tener un programa eficaz. Si todavía no lo tienen, habla con tu equipo de trabajo y tus supervisores y establezcan un prepuesto con claridad. El presupuesto es un catalizador para que se pueda hacer un esfuerzo de excelencia con resultados medibles.

11. USA GRUPOS PEQUEÑOS

Si tienes un grupo o clase grande de más 15 niños, asegúrate de separarlos en grupos pequeños a la hora de hacer preguntas y respuestas y que reflexionen en la lección. Involucra adolescentes voluntarios para que  guiados por ti, tengan listas las preguntas o una parte más corta de la clase para interactuar con los niños.

Puede que los salones de tu congregación no sean los mejores pero lo que no falla es que logres que esos niños se hagan amigos al aprender. Comprométete en ayudar los niños a conectarse con otros niños, líderes y Dios a través de los grupos pequeños de 6 a 8 niños. Utiliza estos sub grupos para que puedan conocerse, reforzar lo aprendido durante la clase y facilitar la participación de más niños en responder o ser voluntarios.

En un grupo pequeño se acelera la posibilidad de que todos tus niños encuentren aceptación, amor y pertenencia. Allí será más fácil que más de ellos compartan sus experiencias durante la semana para orar juntos y así crecer en su fe.

12. LAS VENTANAS DEL ALMA

Debido a distintos sucesos en la historia del cristianismo reciente, hemos puesto la mayor parte de nuestra atención en lo que «proclamamos y predicamos» y hacia allí también muchas veces orientamos toda nuestra educación a las nuevas generaciones. El problema radica en que el principal vehículo por el que aprendemos es la vista y no el oído y por eso es fundamental permanecer muy conscientes de que los niños aprenden de lo que nos observan hacer aún más que de lo que les decimos en una clase.

Los mejores educadores de hoy en día ponen mucho trabajo en la dimensión visual de lo que enseñan tanto en las presentaciones que hacen como en capturar el poder del ejemplo. Lo que los niños te ven hacer es fundamental para su comprensión de lo que les dices. Tus acciones, actitudes y cómo tratas a tus pares o aún a tu familia fuera de un aula tiene el poder de subrayar o negar lo que dijiste en la clase semanal.

13. PIENSA EN LOS PADRES

Los niños a tu cargo son parte de un núcleo familiar que le da sentido y significado a lo que les enseñas y por eso es fundamental siempre revisar tus lecciones y todo lo que haces en el ministerio desde la perspectiva de esos padres.

¿Cómo les afecta lo que enseñas? ¿Cómo se relaciona con ellos la lección? ¿Cómo ayuda a los chicos a visualizar a la relación entre los principios bíblicas y sus relaciones familiares?

No pierdas la oportunidad de conocer a cada niño, a su familia y las personas con quien se relacionan. Si tu ministerio de niños es grande y es casi imposible conocer a todos, pídeles a otros maestros que se relacionen directamente con ellos y que estén atentos a los padres de cada niño que esté a su cargo. Los padres confían a sus hijos a ti y cada miembro tu equipo debe ser consecuente de que, aunque la clase sea para los niños, los padres son parte fundamental del ministerio.

14. LA SEGURIDAD

Tú sabes que la seguridad de los niños es prioridad y no es un juego, pero en demasiadas congregaciones no hay un proceso pensado de cómo protegerlos, cómo actuar ante emergencias, cómo contactar a los padres inmediatamente y cómo asegurarse que nadie que no sean los padres o alguien registrado en el ministerio se pueda acercar a ellos.

El mundo que se avecina es cada vez más peligroso y amenazante para los niños y no podemos dejar que algo malo suceda para tomar medidas preventivas.

Crea un sistema donde puedas registrar la llegada y salida de los niños, puedes

utilizar un sistema de computadora o simplemente listas y etiquetas con sus nombres. Busca el mejor sistema y entrena a cada miembro de tu equipo, pero sobre todo déjales saber a los papás que ellos son parte fundamental para que ese sistema funcione.

Dios es el único que puede tomar control absoluto de cualquier percance así que cubre tu ministerio de oración en ese sentido. Pídele al Espíritu Santo sabiduría para ti y tu equipo para estar alertas a cualquier eventualidad. La vida de un niño es irremplazable y es el recurso más importante que tienes a tu cargo.

15. NECESIDADES ESPECIALES. OPORTUNIDADES ESPECIALES

Asegúrate que tu ministerio es un lugar atractivo y seguro para niños con necesidades especiales.

La actitud correcta es prepararse para «niños con necesidades especiales» y a la vez tratarlos solamente como niños agradecidos, que con ellos tenemos oportunidades especiales.

El rey David escribió en Salmos 139:13-14 *«Tú creaste mis entrañas; me formaste en el vientre de mi madre. ¡Te alabo porque soy una creación admirable! ¡Tus obras son maravillosas, y esto lo sé muy bien!»*

Dios en su sabiduría y poder creó a cada niño único y con regalos específicos para que le glorifiquen y por eso contempla los siguientes detalles para que tu ministerio sea un lugar dónde niños con capacidades especiales puedan ser partícipes:

Está preparado: Haz que tus miembros puedan estar entrenados por personas que tengan experiencia en el cuidado de niños con habilidades diferentes. Es bueno que tú y tus voluntarios estén listos para cualquier eventualidad.

Consulta a los padres: Apóyate en los papas de estos niños. Ellos tienen la mayor experiencia y conocen a sus hijos.

Compromete a la familia: Los niños se sienten más cómodos con personas que conviven constantemente con ellos y a la vez ellos pueden ser los mejores maestros para preparar a otros voluntarios a que luego les den descanso y sepan cómo manejar los desafíos que cada niño presente.

Toma el tiempo necesario: Crea un proceso de adaptación para que los niños se sientan contenidos y familiarizados con el área y el ministerio.

Prepara a los otros niños para que sean corteses. No trates la situación como que no pasa nada pero tampoco conviertas a los niños con necesidades especiales en el foco.

Comunicación: Tanto los padres como tú, necesitan estar en constante comunicación. Cualquier cambio que noten en el niño notifícalo a los padres y pídeles a ellos que te mantengan al tanto del desarrollo del niño.

Intégralos con normalidad: Crea actividades donde puedan participar de igual manera que el resto de los niños, aunque no limites todas las actividades por ellos.

16. LISTAS DE TODO

Si tienes un evento o actividad especial, lo mejor es que realices una lista de los detalles que tienes que tener en cuenta. No importa si el detalle es pequeño, agrégalo a la lista. Mantén tu lista siempre contigo, no confíes en tu memoria y asegúrate que cumples con todos los detalles. Cuando se trata del trabajo con niños el cuidado 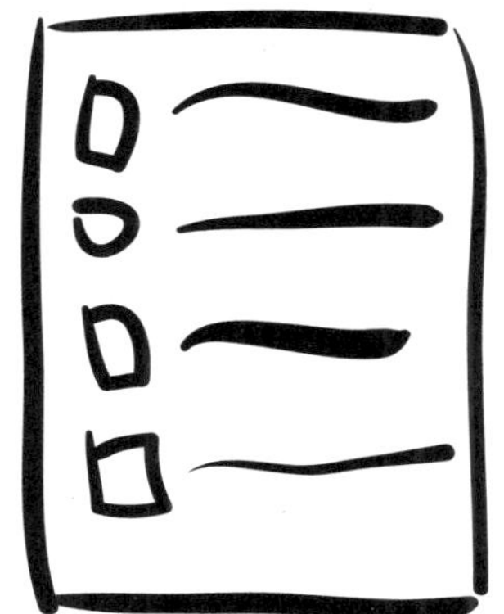 debe ser mayor. En los días más ocupados, estarás feliz porque tienes tu lista y no temas ponerla a la vista de todos para que todos puedan estar conscientes de lo que hay en juego.

17. DEJA TUS PROBLEMAS AFUERA

Los niños no son «mini» adultos y no pueden ocupar el lugar de ellos cuando necesites consejo o consuelo.

Claro que puedes compartir cosas importantes en tu vida, pero nunca uses al ministerio de niños como tu espacio de comunidad. Tú necesitas una comunidad de amigos de tu edad para compartir tus problemas y desafíos. Al llegar a una clase con niños, concéntrate en ellos y en lo que Dios te puso en las manos para lograr.

18. TU SONRISA ES MÁS IMPORTANTE DE LO QUE CREES

Tu actitud repercute en el ambiente del área de trabajo y de los voluntarios y distintos estudios confirman la importancia y el impacto que produce una sonrisa.

Si prestas atención a la TV te darás cuenta de que los conductores siempre están sonriendo y eso no es porque estén teniendo un gran día o pasándola super bien a cada momento sino porque son profesionales de la comunicación y saben de la importancia de la sonrisa. Bien, tú eres un profesional también porque estas en el liderazgo. Sonríe al enseñar y sonríe al guiar a otros.

Si eres amable, cordial y empático, los demás responderán de la misma manera. En otras palabras: Siembra sonrisas y las cosecharás.

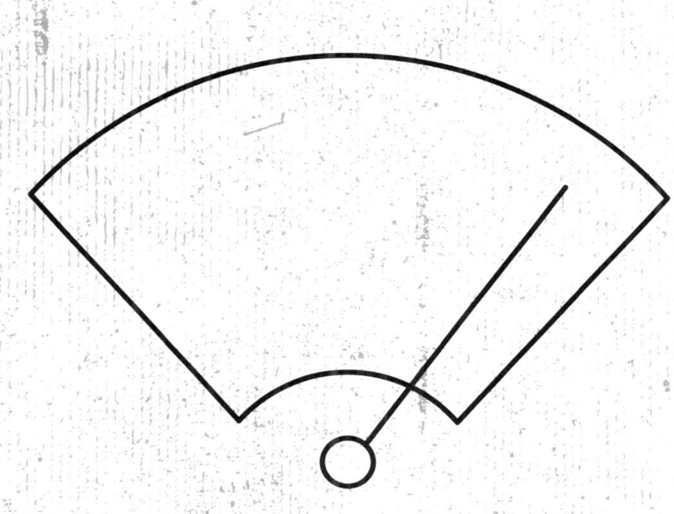

IDEAS

para potenciar a tu equipo

19. ESTIMULA Y AGRADECE CONTINUAMENTE

En muchos ministerios los voluntarios rotan demasiado rápido y la gente comienza con entusiasmo, pero pronto se rinde. ¿Te preguntaste por qué? Una de las razones principales es la falta de estímulo y agradecimiento.

Todos necesitamos sentirnos valorados y todos precisamos saber que lo que hacemos da resultado, lo cual quiere decir que cuando eres líder tú debes asegurarte de hacer visible lo invisible. Es decir, si alguien hace algo que parece imperceptible, pero tú sabes que es importante, asegúrate que la persona nota tu agradecimiento y una de las mejores maneras es también asegurarte que otros notan que esa persona hace esa tarea.

¿A quiénes tienes en tu equipo? ¿A quién necesitas? Mira a tu alrededor. ¿Qué esperas de tu equipo? ¿Qué trabajos o tareas aún necesitas completar? Sé plenamente consciente quienes son los miembros de tu equipo y qué hacen. Nadie puede sentir que su ayuda pasa desapercibida. La palabra GRACIAS es una llave. Abre las puertas de la voluntad de muchos.

20. EL GRAN DT

Quienes saben de deportes saben a ciencia cierta que muchos equipos tienen estrellas talentosas pero que no juegan bien juntas y una de las razones es que sus directores técnicos no han sabido crear la mejor estrategia y no todos juegan en la posición en que mejor funcionan.

Al comandar un equipo debes poner a cada uno en la posición que mejor se ajusta a sus habilidades. Evita liderar por amiguismo o conveniencia personal. Lidera con discernimiento y estrategia. No escojas voluntarios según te caigan bien a ti, sino que prioriza su desempeño con los niños.

Da oportunidades a nuevos voluntarios de encontrar nuevas habilidades. Delega responsabilidad y no solo tareas y podrás contar con un equipo que avanza hacia una meta común en vez de cada uno jugar a su propio juego.

21 CLARIFICA CRITERIOS

No esperes a que comiencen las clases o las actividades para resultar un equipo. Comienza la convocatoria con bastante tiempo y hazlo con un criterio claro.

¿Qué tipos de voluntarios necesitas?

- Capacidad: ¿Puede esta persona hacer lo que tú necesitas para el ministerio?

- Carácter: ¿Esta persona lo tiene? ¿Es confiable? ¿Esta persona trabajará duro, luchará a través de obstáculos y permanecerá fiel al objetivo aun cuando las cosas sean difíciles?

- Actitud: ¿Esta persona se ajusta a tu equipo existente de voluntarios y empleados? La buena relación a menudo supera a la capacidad.

Entrevista a todos los voluntarios y comienza por averiguar sus motivaciones; pero también deja claro cuál es el criterio de selección. No  tengas miedo de ponerlo en una hoja de descripción de trabajo o en la publicidad.

22. CLARIFICA FUNCIONES

Los miembros de un equipo deben saber qué se espera de ellos. Ponlo por escrito para revisarlo en la entrevista que que tengas con cada uno, y haz una lista ideas importantes para que siempre sea fácil recordar las funciones.

Nunca uses la palabra «fácil» al reclutar voluntarios. A nadie le motiva hacer cosas fáciles. A todos nos motiva hacer cosas importantes, aunque sea fácil la tarea.

En la medida de lo posible, identifica funciones y luego busca a la gente en vez de buscar a la gente y luego identificar sus funciones; y si heredaste un equipo de un equipo anterior de líderes, entrevista a cada uno como si fuera a aceptar su posición por primera vez.

23. INVIERTE EN TU EQUIPO

Tu equipo de trabajo es parte fundamental para que tu ministerio sea efectivo. Juntos trabajan por la misma causa y entonces también tienen que aprender a convivir juntos. Genera intencionalmente actividades que fomenten la unidad. Salir a comer juntos, jugar algún deporte, tomar tiempo para planear eventos, leer libros o descansar juntos en un día de parque o playa puede ayudarles a renovar fuerzas, facilitar un ambiente positivo y elevar el nivel de eficacia del ministerio. Gasta dinero en eso y será una poderosa inversión.

También, sorpréndelos. La gente ama las sorpresas. No les avises que tienes un plan y simplemente sorpréndelos de vez en cuando. Ellos apreciarán trabajar contigo, en vez de solo verte como una persona que solo demanda o pasa corriendo durante las reuniones de domingo para solucionar alguna situación. Necesitas divertirte y ser uno de ellos en vez de mostrarte siempre como el «jefe». Haz que su tiempo en el ministerio valga la pena. Asegúrate que el tiempo que están destinando para las actividades sea de provecho para ellos, así como para los niños. Que ellos noten que se invierte tiempo y dinero en ellos les inspirará poderosamente a invertir tiempo y dinero en el ministerio también.

24. PRESTA ATENCIÓN AL CAMBIO

El cambio es un invento de Dios. Él podría haber creado una sola estación, pero creó cuatro que generan un ritmo en la naturaleza. Presta atención a esta realidad y acostúmbrate a cambiar y generar cambio continuo en tus rutinas ministeriales.

Falla, repite, ajusta, e inténtalo hasta que funcione y una vez que funcione, evalúa y vuelve a innovar. Considera las siguientes prácticas para mantenerte cambiando de manera positiva:

A. Detente

A menudo estamos tan ocupados preparándonos para el próximo fin de semana o haciendo lo que necesitamos hacer cada semana, que olvidemos detenernos y escuchar a Dios especialmente cuando contemplamos un cambio. Prestar atención, detenerse y escuchar a las personas involucradas en el ministerio es esencial.

B. Identifica

¿Qué necesitas cambiar? ¿Qué te está pidiendo el liderazgo? ¿Qué áreas requieren tu atención inmediata? Escríbelo en una pizarra blanca con tinta roja brillante. Sé claro. ¿Que estás haciendo? ¿Por qué estás haciendo eso? ¿Por qué lo estamos haciendo de esta manera? ¿Qué necesita cambiar? Identifícalo.

C. Mide

¿Cómo te está yendo? En las cosas que se te pide que hagas, en las áreas que quieres cambiar, ¿cómo te está yendo? ¿Estás alcanzando tus metas? ¿Tu equipo está quemando todos los cartuchos y están demasiado cansados? Sean honestos consigo mismos. Evalúa y mide todo lo que puedas.

D. Celebra

A medida que identifican lo que necesitan cambiar, celébrenlo. Que sea emocionante y real. Dirige a tu equipo con una actitud de hacer lo que sea necesario para lograr el cambio. Establece metas y plazos. La recompensa es el trabajo terminado.

E. Aprende

Haz la tarea. Observa lo que otros han logrado en las mismas áreas que tu estas trabajando. Haz las cosas bien desde la primera vez. No cometas errores que puedas evitar. No quieres personas, especialmente en tu equipo que cuestionen si realmente valió la pena la transición. Aprende lo que necesitas para ser exitoso.

F. Simplifica

¿Cuál es la manera más fácil de lograr lo que queremos? Es posible que tengas que generar un nuevo plan desde cero. Si Dios te llama a hacerlo o si el liderazgo te pide que lo hagas, entonces tu Dios creador te proveerá la manera de hacerlo. No te compliques demasiado al innovar todo de repente. ¿Qué ideas quiere el Espíritu Santo que nazcan a través de su ministerio? ¡Abre el camino y ve por ellas!

G. Enfócate

Tu equipo necesita que los mantengas enfocados. Sinceramente, este es tu trabajo. Si tienes un buen equipo, tú no debes hacer nada más que animarlos, enseñarles a ser responsables y demostrarles que tú crees en ellos. No dejes que nada les robe la unidad. Manténgase en enfocados, sin mirar a la derecha o a la izquierda. Presionar y esté firme hasta llegar a su meta. Si se permite un pequeño desliz, se encontrará a millas de distancia de donde se pretende llegar.

H. Oración

Tú eres un líder con una misión específica dada por Dios así que pasa tiempo con el verdadero jefe. A él le gusta el cambio y la creatividad. Equipa a tu equipo y ayúdalos a llegar a la meta continuamente. Ayúdalos a identificar claramente cuáles son sus roles y que entiendan

que si sus esfuerzos el equipo no puede triunfar. Ora por ellos en privado y enfrente de sus amigos. Haz lo necesario para mantener la unidad en el Espíritu, eso es realmente lo que significa sinergia. Toma en cuenta que cualquier cosa que hagan juntos si Dios les ha dado la visión, lo podrán lograr como equipo.

25. LARGO PLAZO

El ministerio es siempre más significativo cuando se lo percibe como una maratón que cuando se lo considera una carrera corta de velocidad.

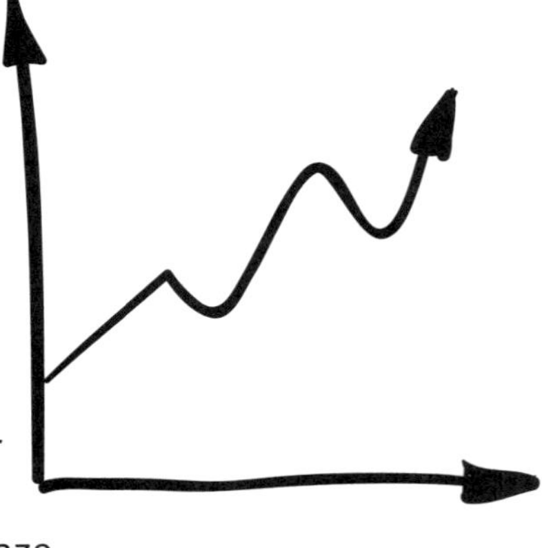

Necesitamos resistencia y persistencia. Estar preparados para sostener un ritmo y eso requiere compromisos de largo plazo.

Asegúrate que todos los miembros del ministerio hacen compromisos anuales o idealmente de dos o tres años. Eso te dará la ventaja de la previsión y la planificación de ciclos completos.

Liderar niños es un privilegio enorme y toda la iglesia debe tener en claro los siguientes conceptos en cuanto al trabajo de quienes trabajan en el ministerio infantil:

- Es importante que los niños tengan consistencia en las personas que ven cada semana, eso crea confianza y seguridad.

- Los maestros de niños deben ser conocidos por los padres y considerados voluntarios importantes por toda la iglesia. (Asegúrate que cuando no están sirviendo sean parte activa del resto de actividades de la congregación)

- Que mantengan una vida espiritual salúdale de lectura bíblica y buen testimonio.

- Que valoran equiparse. Los líderes del ministerio de niños necesitan actualización constante.

- Necesitan un presupuesto.

- Deben permanecer dando cuenta de sus vidas e informa cualquier cambio sustancial que pueda afectar su testimonio entre las familias de la iglesia.

26. DESARROLLA MAESTROS QUE DIRIJAN A OTROS MAESTROS

Selecciona maestros de tu equipo que te puedan ayudar a entrenar a otros miembros del equipo o nuevos miembros del equipo y que se acostumbren a planificar juntos y solo a «aparecer» en las clases. Busca maestros que tengan las siguientes cualidades:

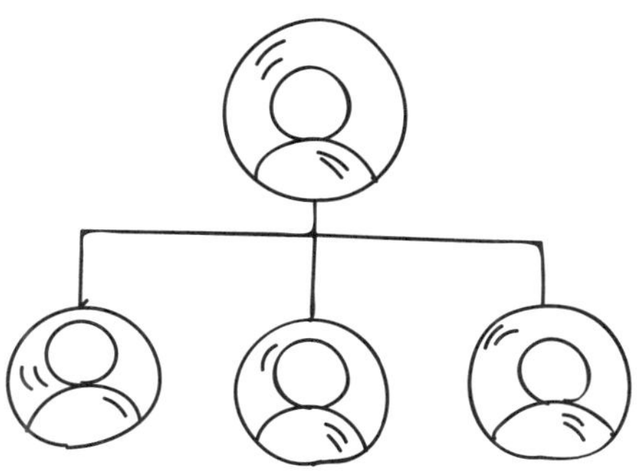

- Lealtad a la misión

- Fidelidad

- Confianza

- Habilidad para tratar bien a las personas

- Estímulo

- Experiencia en el área de servicio

Planifica reuniones de equipo y comparte información importante con ellos y a su vez, mientras el ministerio va creciendo que ellos creen sus propias reuniones según las distintas áreas. Escucha sus peguntas, opiniones y preocupaciones y que ellos lo hagan de sus equipos. Cada ministerio debe establecer su propio ritmo de reuniones de equipo, pero si cada semana todos llegan a hacer su trabajo sin que haya reuniones de equipo y unos supervisen a otros, pronto reinará una anarquía en el ministerio que les robará la posibilidad de funcionar acorde al potencial que tengan.

27. EQUÍPALOS

Los equipos que alcanzan los mejores resultados permanecen aprendiendo y tienen líderes que continuamente les proveen herramientas para ser mejores.

Asiste a una conferencia especializada para maestros de niños o si no hay en tu ciudad, organiza una. Hay ministerios especializados que están listos para ayudarte y uno es el ministerio que está detrás de este libro. E625.com existe para ayudarte a equipar a tu equipo de trabajo y nuestra página web continuamente provee nuevos recursos para el discipulado de nuevas generaciones.

Separa un tiempo en el año para hacer talleres con todos los maestros en tu ministerio infantil. Refresquen el propósito, revisen la pedagogía y planifiquen juntos.

Un equipo continuamente equipado llega mucho más lejos

IDEAS

para levantar fondos

28. DEFINE NECESIDADES

Tú conoces las necesidades de tu ministerio, pero ¿Las conocen los demás? No puedes pensar que deberían. Tú tienes la responsabilidad de hacerlas conocer y comunicarlas con astucia.

¿Que necesitas? Un micrófono, un monitor, espacio, desarrollo de liderazgo, títeres, un nuevo sistema para registro de niños. Lo que sea ¡Dilo o calla para siempre!

Si no hablas, nadie lo hará. ¿Quién va hablar por un niño de 7 años?, ¿quién se asegurará que los salones son seguros? Hacer conocer las necesidades del ministerio con niños es parte del privilegio que tienes.

Ponle un nombre atractivo a las necesidades y publicítalas. Si necesitas posters para el salón, lo que en realidad necesitas no son posters sino «crear un ambiente atractivo para el aprendizaje y destacar algunas verdades bíblicas fundamentales» que es lo que tienen y logran esos posters que querías.

No hay nada peor que desperdiciar una oportunidad para hablar enfrente de tus líderes, pastores, padres o voluntarios y no hablar de lo que necesitas. Imagina la oportunidad de hablar ante la mesa directiva de la iglesia y presentar las necesidades de tu ministerio. Ten el material y tu presentación lista. Defiende tu postura y menciona qué es lo que necesitas con precisión y poniéndote en los zapatos de quién te escucha.

Entiende a tu audiencia, las personas responden diferente a cada situación. Si tu pastor principal es un visionario, entonces abórdalo con un proyecto ambicioso, cautiva su corazón y no lo aburras con hojas de Excel. Pero si vas a hablar con el administrador... Bueno, háblale en el idioma que él entienda.

Si tienes que presentar un reporte con el departamento de finanzas, prepara una hoja de costos y con los detalles que a ellos les gusta ver. Si estás hablando a los padres o voluntarios, prepárate para responder ¿Qué tiene que ver esto con ellos? ¿Qué beneficio tendrán ellos o sus familias con esto?

Sé selectivo en lo que pides. ¿Qué vas a hacer tú? Cuéntalo para mostrar tu compromiso.

No importa si la solicitud es aceptada o negada, lleva un récord de ellas. Cuando pidas a tu liderazgo hazlo de una manera sincera y honesta. Son muchos los que compiten por su tiempo y dinero. No preguntes a menos que lo necesites.

Sé paciente. Una vez que comiences a ser más acertado y alineado con la visión de tu pastor y el liderazgo de la iglesia tu palabra tendrá más peso. Pelea por lo que se debe de hacer hoy, pero espera y sé estratégico de hablar de las necesidades en el momento indicado.

Comienza identificando las necesidades, pero luego define la mejor manera de comunicarlas. Si tú no lo haces, ¿Quién lo hará?

29. LA FERIA DE LAS NACIONES

Elije una buena fecha y separa las clases de tu ministerio de niños representando a distintos países para que ellos con sus familias preparen cómo representar a ese país ofreciendo algún tipo de servicio en el día de la feria. El servicio puede comenzar por comida típica del país que ellos preparen y también pueden ofrecer adornos y recuerdos que prepararon los niños.

Puedes completar la feria con juegos de kermes donde la gente pueda embocar aros en botellas o encestar alguna pelota a distancia.

Incluye un escenario dónde en ciertos turnos cada «país» pueda presentar algo típico también y puedes tener un DJ animando la jornada con buena música poniendo algo de música de los países también.

Con la feria de las naciones puedes crear un día espectacular para las familias de tu congregación y que la venta de comidas y adorno sea a beneficio del presupuesto del ministerio.

30. LA LIBRERÍA

Si tu iglesia no tiene una librería puedes comenzar una a beneficio del ministerio de niños. Visita una distribuidora o librería grande en tu ciudad y arregla con ellos o un descuento al por mayor o un porcentaje de agencia para que no tengas que comprarles los libros, y pon a disposición de tu congregación libros que bendigan a sus familias.

Consigue libros para los padres, para los adolescentes y los jóvenes y libros para los matrimonios. Procura un buen catálogo de Biblias y si hay clases bíblicas o teológicas en tu congregación pregunta cuáles son los libros de texto que van a usar en el año y trae esos materiales.

Habla con tus pastores de esta idea y que todas las ganancias sirvan para el presupuesto del ministerio de niños. Seguramente conseguirás buenos voluntarios que puedan ocuparse de cuidar los libros y hacer las ventas y será una gran ganancia para todos.

31. CAMPAÑA DE RECICLAJE

Busca en tu ciudad algún lugar que pague por aluminio, vidrio o cartón reciclado y haz una campaña con tus niños y sus familias para conseguir todo lo que puedan de ese material.

La campaña puede durar un tiempo determinado o puedes tener un lugar asignado para eso todo el año en

un barril, bote o caja que los miembros de la iglesia van llenando y cada vez que se llena lo vas a cambiar por dinero.

El reciclaje es una buena idea porque es fácil de hacer, es positivo para el medio ambiente y crea en los niños la conciencia de ser parte de una causa positiva mientras hacen su propio aporte a la iglesia.

IDEAS

para la alabanza y la adoración

32. ELIJE CON CUIDADO

La música es una poderosa herramienta. Por muchos siglos las canciones fueron usadas para la enseñanza y la memorización de las doctrinas fundamentales y por eso es bueno que prestes mucha atención a lo que cantan durante la alabanza y la adoración. Sé intencional. Busca nuevas canciones online por tema y no les escapes a las canciones de moda, pero no las elijas solamente porque suenan atractivas a los adultos. Piensa en tus niños y en lo que dicen esas letras. Repítelas y habla con tus músicos para que usen distintos arreglos musicales para distintos momentos.

Hay tiempo para todo tipo de alabanza – ruidosa y escandalosa, pero también tranquila y reflexiva. Que el deseo no sea entretener a los niños. Enseña a través de la alabanza. Anima a tus niños a reconocer quién es Dios y sus maravillas. Estimúlalos a la intimidad y a la comunidad con sus compañeros de la iglesia.

Agrega otras expresiones de arte como pintura, dibujo, danza o actuación y hazlo con propósito.

33. LA ENTONACIÓN NO ES LO PRINCIPAL

A los niños no les importa tu voz. Mucha gente tiene miedo de dirigir la alabanza o cantar en sus clases porque sus voces no son demasiado buenas. A los niños no les importa tanto como a los adultos y, además, en la alabanza genuina lo importante no es la afinación sino el por qué hacemos, decimos y

cantamos lo que hacemos, decimos y cantamos. Como el salmista escribió, debemos aclamar alegres al Señor. Recuerda que tenemos la gran responsabilidad de dirigir a los niños en un estilo de vida más que en el hábito del canto congregacional. Intenta hacerlo lo mejor posible pero que la cultura de la «excelencia mal entendida» no te distraiga del verdadero propósito.

34. NO ES UN SHOW

Un error muy común entre los líderes y voluntarios primerizos es creer que la tarea de los líderes es hacer que el público haga las cosas, pero sin hacerla ellos porque «son líderes» ....

Acostumbra a tus voluntarios y equipo de líderes a ser los primeros que alaban al señor y prestan atención cuando no les toca estar arriba del escenario, igualito que cuando lo están.

Alguien que se emociona y cierra los ojos al cantar cuando tiene un micrófono en la mano, pero al que no le importa cuando no lo tiene, no entiende de qué se trata la alabanza y es un mal ejemplo para tus niños. No importa lo bien que cante.

35. SIEMPRE ATENTOS

Hay líderes que se meten tanto en las canciones que se vuelven totalmente ajenos a su alrededor, olvidándose de los niños. Siempre hay que dar el ejemplo siendo partícipes, pero tenemos que recordar que estamos allí por esos niños y tenemos que estar siempre atentos a su seguridad y que todos estén teniendo su mejor experiencia.

Si tienes un ministerio con suficientes miembros en tu equipo, alternas funciones y que todos participen de lo que está pasando, pero con prioridades distintas en su atención.

36. AGRANDA LA ORQUESTA

La alabanza y la adoración no deben reducirse al canto. Involucra a todos tus niños con instrumentos simples como palitos toca toc, cajitas acústicas, flautas, ocarinas o incluso baldes, vasos de plástico, palos y... ¡Todo lo que haga ruido!!

Si tienes niños que tocan guitarras haz un día de subirlos a todos al escenario tocando sus guitarras o si tienes niños que tocan teclados y puedes conseguir teclados de juguete, puedes también subirlos a todos a interpretar una melodía simple. Cuantos más niños sean... ¡mejor!

La Biblia nos motiva a alabar al Señor con todos los instrumentos que te puedas imaginar y los niños pueden involucrarse de una manera diferente si los haces parte de la orquesta.

37. ¡A MOVERSE!

Incorpora coreografías en la alabanza. El baile o la danza es una expresión natural de gozo y a los niños les encanta moverse así que es siempre una buena idea enseñarles a hacerlo para Dios. A nuestro buen Señor le place la belleza y el arte y el libro de los Salmos exhorta al pueblo de Israel a festejar la gracia de Dios y sus proezas con alegría.

Lee este Salmo con atención y enséñaselo a tus niños:

Que se alegre Israel por su creador;

que se regocijen los hijos de Sion por su rey.

Que alaben su nombre con danzas;

que le canten salmos al son de la lira y el pandero.

Porque el Señor se complace en su pueblo;

a los humildes concede el honor de la victoria.

Que se alegren los fieles por su triunfo;

que aun en sus camas griten de júbilo.

(Salmos 149:2-5)

Deja que los niños expresen su amor y gozo sin limitar su habilidad y creatividad para adorar a Dios. Inventa con ellos algunos movimientos coordinados para resaltar verdades de las canciones y les ayudarás a memorizar y entender mejor las letras de la alabanza.

38. SÉ MULTISENSORIAL

Dios le regaló a la humanidad distintos sentidos para interactuar con el resto de su creación y siempre es una buena idea usar todos los sentidos posibles al poner a Dios en el centro de nuestra atención.

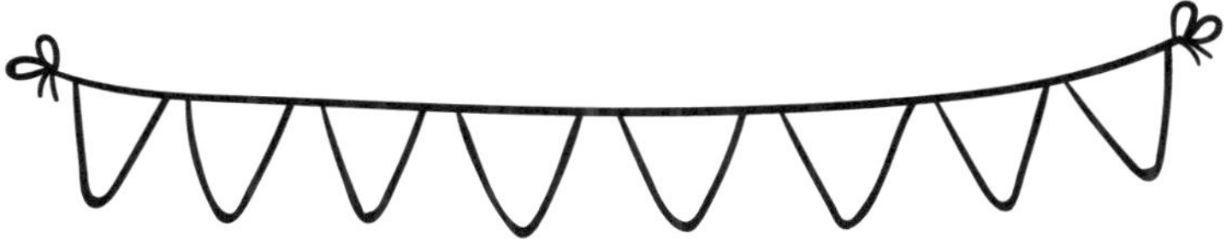

Sé intencional respecto a cómo decorar el lugar donde los niños alaban y adoran al Señor. Usa videos para inspirarlos y arte que cree imágenes vívidas que comuniquen verdades. Usa la iluminación con propósito y el resto de recursos tecnológicos que tengas a tu disposición pensando en lo que quieres destacar y provocar en esos niños. Piensa incluso en el gusto, el tacto y el olfato y seguro podrás provocar una experiencia más completa.

39. ALABA SIN MÚSICA

El núcleo de la alabanza no es la música sino destacar las proezas y el carácter de Dios. Destaca esta verdad con tus niños y conviértela en una experiencia práctica. Usa las neuronas y la creatividad de tu equipo para pensar en cómo enseñar esta verdad a los estudiantes que tienes a tu cargo. Esta es una oportunidad para ejercitar la poesía, la escultura, las habilidades manuales, el dibujo, la lectura y la memorización para levantar bien alto la bondad y la maravilla de tener un Dios que nos ama de manera personal y ha hecho tantas cosas asombrosas y las sigue haciendo en la historia de su pueblo.

IDEAS
para evangelizar

40. OFRECE APOYO ESCOLAR DURANTE EL VERANO

Distintas estadísticas corroboran que los estudiantes retrasan su aprendizaje durante el verano y aunque aprender matemáticas o lengua durante el periodo de vacaciones no les suene atractivo a los niños, seguro les llamará la atención a los padres.

Recluta profesores y maestros que puedan dar clases de nivelación para llegar mejor preparados a los comienzos de clases y muchas familias lo agradecerán a la que vez habrás abierto una puerta para que muchos padres y niños se acerquen a las ofertas de la iglesia.

Ofrecer apoyo escolar gratuito durante las vacaciones es una gran ayuda para que esos niños tengan un mejor comienzo de clases y a la vez un gran testimonio en la comunidad de que tu iglesia está para ayudar.

41. ¿A LOS NIÑOS O A LA FAMILIA?

Los esfuerzos evangelísticos en el ministerio de niños pueden estar apuntados a otros niños o a esos niños con sus familias y este segundo acercamiento es siempre más completo que el primero. Realizar actividades evangelísticas pensadas en los niños, pero sin involucrar a sus padres suele traducirse en esfuerzos que parecen muy exitosos en un principio, pero dejan pocos resultados evidentes en el mediano y largo plazo.

Planifica tus actividades evangelísticas pensando en un mensaje para los niños pero que tenga también su reflexión para los padres. Acércate a los papás con astucia para ganarte su confianza y el esfuerzo evangelístico hacia los niños será mejor acompañado con un impacto a toda la familia.

42. LA GRAN OBRA

Así como en las fechas patrias o cierres de clases muchos colegios o escuelas preparan actos conmemorativos dónde los hijos participan de una obra de teatro o representación musical y los padres van a ver a sus hijos, igual podemos hacer en la iglesia. Prepara una obra de teatro con excelencia. Incluye piezas musicales y en la medida de lo posible otras expresiones artísticas que puedan acomodarse en la presentación.

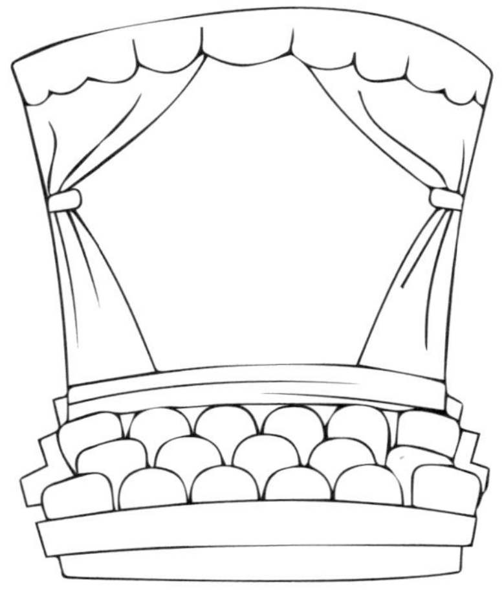

Elige con cuidado la obra y ponle un nombre atractivo. O incluso, puedes hacer una versión propia de una historia que todos conozcan como la nueva Cenicienta, el Tarzán de Latinoamérica o algún personaje de moda que todos los chicos identifiquen. Tus historias no tienen por qué ser directamente de la Biblia, aunque claro que hay excelentes historias allí y que siempre debes relacionar lo que hagas a principios de la palabra de Dios, así como hacían Jesús y Pablo con parábolas que tenían que ver con lo que la gente conocía, aunque no apareciera en el Antiguo Testamento.

Invita a otros niños del barrio y la comunidad y asegúrate que todos los niños que participan inviten a sus compañeros de escuela y sus familias.

43 LOS TRES BRAZALETES

Seguramente entre tus niños tienes algunos que son hábiles con las manos y otros que no lo sean tanto, pero que pueden encontrar divertido que un día se pongan a fabricar entre todos algo que van a regalar. La idea es hacer con ellos brazaletes de tres colores. Negro que simbolice nuestra vida pasada, rojo que simbolice la sangre de Jesús y blanco que simbolice el perdón y la nueva vida en Dios. Fabricarlas es parte de la tarea, pero si en algún lugar las venden, también las puedes comprar.

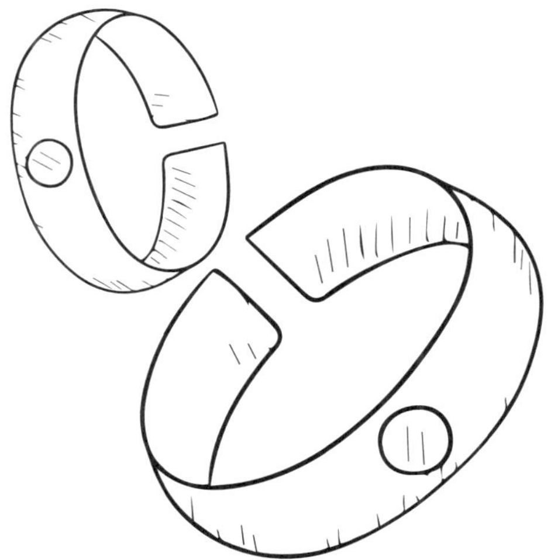

Luego la idea es enseñarles a ellos a compartir el mensaje y pedirles que los regalen al menos a tres amigos en sus escuelas explicando su significado. Entrénalos con cuidado para que se sepan muy bien el significado de los brazaletes y dales algunas herramientas extras de evangelismo para estar preparados para algunas preguntas usuales que los niños se hacen. Este proyecto les da una oportunidad especial a esos niños de afirmar sus amistades con un regalo significativo y a la vez presentar el mensaje del evangelio quizás por primera vez en sus vidas.

44. El viaje misionero

Muchos niños son ajenos a las distintas realidades que vive nuestro mundo hoy en día y una de las experiencias que los puede marcar para aprender a relacionarse con las necesidades de otros es un viaje misionero bien organizado y dónde se expongan a algunas de estas rea-lidades en un ámbito contenido y con la reflexión de otros niños.

Un viaje misionero donde los niños puedan servir y pasar por algún tipo de incomodidad como dormir en el suelo puede ser una gran experiencia para aprender que el verdadero servicio es una aventura. La experiencia puede cambiar sus percepciones de la realidad y su crecimiento espiritual de por vida.

Esta experiencia funciona mejor con niños mayores y puede ser una especie de graduación del primario. Anima a los papás a ir contigo y ser cómplices de esta actividad. Dales la oportunidad de compartir sus experiencias una vez que regresen, y esto animará a otros niños a vivir la misma experiencia y servir a otros. Cuida mucho la seguridad involucrando a muchos supervisores adultos y prepara a las familias de antemano explicando lo que van a hacer y sobre todo el "por qué" de la idea.

45. LA PLAZA FELIZ

Lleva a tu ministerio de niños a una plaza con suficientes supervisores adultos que les cuiden y organiza algunos juegos populares entre todos animando a otros niños que estén jugando allí a participar.

Puedes incluir, payasos, marionetas o trucos de magia para atraer la atención de los otros niños y luego de algunos juegos y presentaciones sentarse para contarles de manera creativa el mensaje de Jesús.

Entrega información de la iglesia apuntada a los niños y a sus padres, dejándoles saber que en tu iglesia hay un programa especial para ellos dónde pueden aprender valores como la integridad, la honestidad y la responsabilidad y por supuesto, acerca de Jesús.

46. DESARROLLA CLASES PARA NUEVOS CREYENTES

Muchos niños toman una decisión por Cristo en una reunión, pero no reciben instrucción precisa de qué significa eso exactamente para sus vidas y qué pasos le siguen a esa decisión. Algunos se suman al programa de la iglesia, pero el resto de los niños están más avanzados en conocer las historias bíblicas y el funcionamiento de la congregación y tú no quieres que esos chicos nuevos se sientan desintegrados y por eso es recomendable que cada tres o cuatro meses ofrezcas una clase especial de nivelación para ellos enfocada en sus primeros pasos como cristianos.

IDEAS

para involucrar a los padres

47. ORGANIZA UN "OPEN HOUSE"

Prepara a todo tu ministerio para invitar a los padres a una clase o día de reuniones y mostrar lo que hacen. Si diriges todo el programa infantil hazlo una clase a la vez e invita a los padres a venir y observar el entorno de sus hijos en acción. Esto les ayudará a palpar la esencia del ministerio, y los animará a apoyarte más en tus esfuerzos.

Prepara a los niños de antemano y el mismo día del «open house» también es recomendable que hagas una introducción primero con ellos y luego entren los padres y no que empiecen el «open house» al mismo tiempo sin revisar juntos por qué es importante que los padres vean lo que se hace en las clases de sus hijos. Enfocar a los niños en lo que va a ocurrir te ahorrará distracciones e imprevistos y siempre es una buena idea.

Aprovecha esta ocasión para hablar de necesidades del ministerio y también comparte algún testimonio práctico del impacto de lo que sucede allí cada semana.

48. CREA UN "BANCO" DE PADRES

Así como es bueno tener un registro de todos los niños que pasan por tu ministerio, también es bueno completar un registro de sus padres.

Toma el tiempo para conocer a los padres de los niños de tu ministerio y guarda sus datos de contacto. Pocas cosas pueden producir un impacto mayor en tus resultados que conectar con los padres para ayudar a esos niños en su formación espiritual.

Los padres cristianos y los maestros y líderes de la iglesia tenemos la misma meta, que nuestros niños se parezcan más a Jesús y aprendan los valores del evangelio.

La iglesia y lo papás, los papás y la iglesia trabajando juntos, producen un impacto mayor que como fuerzas aisladas la una de la otra.

49. TODA PARTICIPACIÓN ESPECIAL ES UN EVENTO ESPECIAL

Invita a los padres a ir a ver la presentación de sus hijos o ser parte del programa cuando a sus hijos les toque hacer algo especial, aunque no sea una actividad especial de todo el ministerio. Si el niño está actuando, o la niña está cantando y es parte del programa de ese día, es una buena posibilidad que invites a sus papás específicamente en ese día. Planea estratégicamente para esto y quizás lo puedes hacer con dos o tres de los niños al mismo tiempo.

Comparte el plan de salvación durante estas oportunidades de una manera apropiada para aquellos papás que no son salvos.

50. SOCIEDADES ESPIRITUALES

Pregúntale a los padres cómo puedes apoyarlos en el desarrollo espiritual de sus hijos. El solo hecho de que les hagas esa pregunta los llamará a la reflexión.

Según el criterio de los padres ¿Cuál es la mayor necesidad de su niño y qué puedes hacer para ayudarlo? ¿Cómo puedes orar por el niño? Tiene mucho más efecto el trabajo con los niños cuando tú y los papas están orando por las mismas necesidades.

Sé intencional en sumarte como recurso a los papás y ellos estarán mucho más abiertos a apoyar las necesidades de tu programa y darte una mano con su tiempo cuando lo requieras.

51. FACIUTA QUE REFUERCEN LA LECCIÓN EN CASA

Que los padres sepan lo que estás enseñando a sus hijos y lo puedan reforzar durante la semana puede ayudarte a llegar la milla extra en contar con su apoyo y que los niños terminen de prenderse con el contenido de las clases.

Crea una hoja simple de trabajo para entregarle a los niños al terminar cada clase con el texto bíblico principal, algún versículo para memorizar y tres o cuatro verdades para recordar. Puedes incluir dos preguntas para que completen con los padres y que ellos corrijan las respuestas dejando un espacio para que pongan sus iniciales o marquen un cuadrito.

Puedes crear un sitio web o un grupo privado en alguna red social o algún otro medio de comunicación donde los papás puedan obtener el audio de la lección bíblica del fin de semana, junto con preguntas para discutir en casa. También puede ser de ayuda agregar versículos bíblicos, artículos y diferentes tipos de consejos para padres según las etapas de desarrollo del niño.

52. EL TOP 10

Provee una lista de Biblias para niños, libros, y devocionales para que los papás les compren a sus hijos para leer con ellos y también incluye algunos libros para que lean los padres.

Contar con tu lista de recomendados les va a ayudar a esos padres a saber cuáles materiales conseguirles a los hijos, les ahorrará tiempo y evitará leer libros débiles o viejos de ministerio a la familia que no son prácticos, pero suelen estar en muchas librerías por ser «clásicos» que «clásicamente aburren». Así te asegurarás de que todos están en el mismo canal en cuanto a la filosofía ministerial de que la familia y la iglesia son más fuertes cuando trabajan de la mano.

Confecciona la lista con un poquito de diseño y en un ranking para que sea más atractiva.

53. SIRVIENDO JUNTOS

Crea actividades al menos anuales donde los niños y sus padres puedan servir mano a mano.

Cuando los niños sirven junto con sus padres, el impacto es triple en sus vidas porque para ellos servir es una aventura, los padres sirven también y además lo hacen juntos, así que ganamos todos.

También es una buena posibilidad considerar que no tienen que ser actividades organizadas por tu ministerio. Presta atención a las posibilidades en tu ciudad. ¿Hay algo ocurriendo en otra congregación que pueda servirte?

El servicio no tiene por qué ser en el templo. Puede ser plantar árboles o pintarle la casa a una pareja de abuelos.

ACTIVIDADES

y experiencias inolvidables

54. LA FOGATA

El fuego es un imán. ¿A quién no le llama la atención mirarlo, sobre todo si es un fuego considerablemente grande?

Obviamente esta es una actividad para hacer con la ayuda de los padres y de voluntarios en una ocasión especial donde priorices la seguridad, pero si tienes la posibilidad de organizarla tiene el potencial de crear un verdadero impacto en tus estudiantes.

Busca un lugar donde puedan estar seguros los niños y puedas hacer una gran fogata. Organízate de tal manera que tengas una persona que pueda dirigir a los niños en alabanza y adoración y, sobre todo, que puedan escuchar muy bien la lección ya que esta es una tremenda oportunidad para hablar del Espíritu Santo.

Puedes enseñar algunas canciones divertidas también y después compartir comida que puedan asar en la fogata, como: salchichas, malvaviscos y chocolates.

Recuerda que los niños dependen de los padres y que tienes considerar que el horario de la actividad sea adecuado para ambos. Dale un nombre especial a la ocasión y crea expectativa.

55. ARREGLA UNA ESCUELA

Si en la comunidad dónde vives hay alguna escuela pública o jardín pre escolar que necesite ayuda puedes preparar para visitarles un día con tus niños a limpiar, pintar, decorar, cortar el pasto y hacer todo tipo de ayuda que el espacio necesite.

Recluta a suficientes voluntarios mayores para ayudar a los niños, aunque asegúrate que los protagonistas de la ayuda sean los estudiantes y no los adultos.

También puedes elegir alguna institución que esté alejada pero lo ideal es que sea en tu comunidad para dar un mejor testimonio de que la iglesia está allí para colaborar y que el evangelio tiene consecuencias prácticas. Los niños apreciarán ser protagonistas de una ayuda concreta y aprenderán a temprana edad la importancia del servicio y que no es algo que solo sucede adentro de un templo para tener el reconocimiento de los hermanos.

56. INVADE SUS CASAS

Arregla con los padres una visita sorpresa en sus casas. Hazlo con otros niños y aparece un sábado por la mañana a jugar en la casa de ese niño.

Prioriza hacerlo con niños que están pasando por alguna situación difícil como un divorcio, la muerte de un ser querido o tuvieron un accidente.

Lleva globos y crea un clima de fiesta.

Planéalo con anticipación e involucra a todos los niños que puedas. Cuanto más lio sea, más inolvidable será la experiencia y claro que puedes usar fechas importantes para el niño, esto le agregará más significado para ellos.

57. VAMOS TODOS JUNTOS

Consigue una van. colectivo o un mini bus y pasa a buscar a todos los niños de sorpresa antes de la reunión.

Arréglalo con los padres previamente para que los tengan listos a la hora señalada y ve de casa en casa levantado a todos los niños que puedas llevar juntos a la reunión o la clase.

Si tu iglesia es grande puedes organizar varias vanes o conseguir algún bus o buses gigantes. Arma bien los trayectos para que todo pueda funcionar según los horarios asignados.

Quizás tienes hermanos de la iglesia que tengan algún servicio de transporte que se sumen a la diversión y los puedas usar y si en el camino a la iglesia paras en una heladería, nadie se va a ofender...

58. NOCHE DE VALIENTES

La experiencia de dormir afuera de sus casas puede atraer y aterrar a los niños por igual y puede ser muy divertido e inolvidable al menos hacerlo con la ayuda de sus amigos. Una noche en su sala de clases o en la casa de alguien de la congregación que tenga el espacio suficiente para que los niños puedan hacer su «pijama party» tiene el potencial de ser una experiencia que marque sus memorias.

Pasar una noche fuera de la casa puede ser un verdadero desafío para algunos niños y también lo es para algunos padres, pero esta es una experiencia que tarde o temprano va a llegar y es una buena idea que llegue en el ámbito de la fe y con amigos que esperamos que sean para toda la vida.

Prepara bien a los padres para que todos los niños tengan la ropa adecuada, bolsas de dormir, frazadas o almohadas y luego planifica bien el programa: Quedarse hasta tarde es parte de la diversión y puedes agregar algunas películas para mantenerlos despiertos. Prepara una buena historia con enseñanza y déjales conversar con libertad porque el verdadero programa es que se hagan amigos, estrechen lazos personales y den un pequeñito paso hacia la madurez.

59. CONGRESO KIDS

Un buen congreso especial para los niños puede ser una gran iniciativa para tu ministerio. El punto, claro que no es que escuchen una conferencia atrás de la otra como si fuera un evento para adultos.

Piensa fuera de la caja y concéntrate en ellos, pero dos días completos de actividades especiales y enseñanzas para los niños puede ser una actividad genial para toda la iglesia.

No le tengas miedo tampoco al encuentro y planificación de actividades conjuntas con otras iglesias porque quizás puedes hacer el congreso con otras congregaciones de tu ciudad.

Lo que persigues con el congreso es ayudarles a los niños a experimentar el entusiasmo y alboroto de un evento grande y especial mientras les enseñas valores y se animan a invitar a sus amigos de la escuela. Y también lograrás que al ser una actividad grandiosa se interese e involucre toda la congregación.

Si puedes sumar a otras iglesias, planifica con ellos. Prepara el esqueleto del programa con cuidado y piensa en un horario que sea adecuado para los niños.

Junto con el programa para niños puede haber conferencias para padres y también para maestros y voluntarios.

IDEAS
para clases efectivas

60. USA LOS LÍMITES DE SU ATENCIÓN

Los niños no son adultos pequeños. La neurociencia confirma que su cerebro está en pleno desarrollo y todavía no tienen cada componente de su aparato neuronal listo para retener información como cuando esté plenamente desarrollado. Ellos tienen un límite para prestar atención y por eso no puede hablarles con la misma duración que a los adultos. Hay que respetar sus límites y si lo haces te estás asegurando que tu enseñanza es absorbida en su totalidad. Si tienes una hora para tu clase, diseña un formato de segmentos cortos creando múltiples puntos de partida y finalización. Por ejemplo, hablas de un punto 15 minutos, haces una secuencia de preguntas y hablas otros 15. Haces un juego y luego continúas con otro punto que quieras desarrollar. En cada segmento estarás reseteando el límite de atención de los pequeños. Además, contempla que cada niño tiene un nivel diferente de concentración, no esperes que todos presten la misma atención.

Acomoda una cámara y graba la clase. Luego ve el video y encuentra el momento o los momentos en el que los niños dejan de prestar atención. Esto te ayudará a encontrar lo que debe de ser cambiado o ajustado.

61. ALTERNA RECURSOS DE COMUNICACIÓN

«Predicar» no es sinónimo de hablar por una hora y enseñar a través de un monólogo. Asegúrate que los métodos de comunicación que uses te ayuden a conectar con los niños de hoy. Hay muchas maneras de comunicar la palabra de Dios sin necesidad de un extenso un monólogo o escribiendo en una pizarra. Puedes comunicar la verdad a través de videos, skits, canciones, manualidades, juegos, títeres y más. Estos no son complementos o trucos sino «medios» para comunicar. Encuentra qué es lo que más llama la atención de los niños en tu ministerio y alterna. Pregúntales qué personajes conocen e incorpora sus intereses en tu ministerio relacionándolos con la Biblia.

Dios hizo a los niños para moverse, divertirse, participar, moverse, reírse, saltar, jugar, hablar, relacionarse y... ¿ya dijimos moverse? Entonces cautívalos con creatividad. El objetivo no es que les enseñes... sino que ellos aprendan.... medita en eso y comienza alternar recursos de comunicación.

62. ENSEÑA CREATIVIDAD DESDE LA BIBLIA

La Biblia es un excelente mapa para enseñar con creatividad. Solo piensa en todas las maneras que Dios utilizó para hablar a las personas, como una zarza ardiendo, un altar en fuego, y hasta envió un diluvio, solo por nombrar algunos.

Utiliza todos los sentidos para enseñar la Biblia. Si el agua está envuelta en la lección Bíblica, haz que tengan la oportunidad de tocar o probar el agua. Si el fuego es parte de la historia, entonces siéntense alrededor de una fogata durante la lección o si va a ser peligroso o más fácil, trae un video que cree la imagen que quieres que imaginen. Si una honda es parte de la historia, haz que los niños practiquen con una honda real (con un objeto blando, claro está) o si la clase menciona ovejas ¿Qué tal conseguirte una? Quizás algunas ilustraciones sean más difíciles que otras en tu ciudad y con ellas puedes utilizar la tecnología o al menos una foto. Recuerda que los niños piensan en términos concretos y por eso algo concreto que puedan ver o tocar puede energizar la clase y hacerla muchos más entendible para ellos.

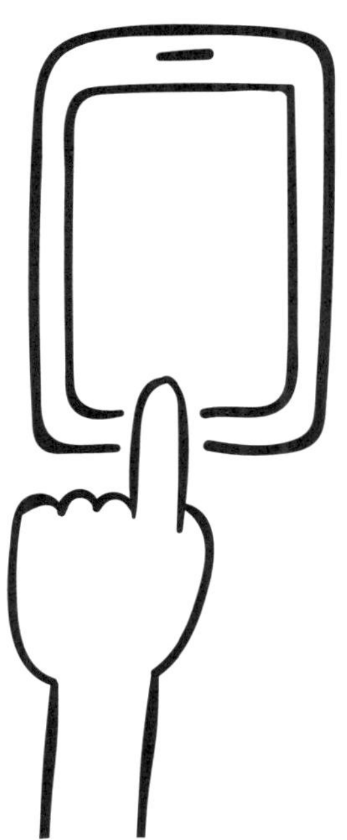

63 NO ANIÑES TUS CLASES

Pocas cosas desconectan más a los niños que se los trate como de menor edad de la que tienen. Los niños de hoy utilizan la tecnología como ninguna generación anterior lo hizo y tienen información que nunca antes tuvieron a la edad que tienen. Lo que tratamos de decir es que los trates como niños, pero acorde a su edad y a niños de hoy.

Usualmente a ellos no les gustan los tonos infantiles de parte de los adultos. Si les das la oportunidad, ellos mismos te van a decir que eso es para bebés y pre escolares. En el ministerio de niños hay que hablarles sin palabras complicadas y utilizando su habilidad de pensar en concreto sin abstracciones, pero no hace falta usar tonos y canciones que atonten lo que intentamos enseñar.

64. ENSEÑA PRINCIPIOS Y NO SOLO INFORMACIÓN

Los mejores maestros están siempre comprometidos a ayudar a los niños a vivir las enseñanzas que reciben en cada clase. Queremos que los niños sean activos en la palabra y no solo personas que la escuchan y por eso la tarea no es solo recopilar una lista de factores bíblicos en sus cabezas, sino de verlos convertidos en cristianos activos por que apliquen cada verdad de la palabra de Dios.

Reta a los niños cada semana a vivir bajo los principios de la palabra de Dios, pero dales una pauta muy concreta de cómo hacerlo. El reto entonces se trata de que los niños no solamente aprendan nombres, lugares e historias, sino que entiendan el por qué cada personaje vivió lo que vivió y qué significa eso para ellos hoy y cómo lo pueden practicar inmediatamente después de la clase.

65. ENVÍA NOTAS HECHAS A MANO

Enviar notas en fechas especiales es una gran idea, pero enviar notas inesperadas recordando algo que hablaron o incluso que ese mismo niño dijo en la clase, puede ser un refuerzo mucho más poderoso para se grabe la verdad que se dijo.

66. MUCHOS VOLUNTARIOS

Usa a tus estudiantes como voluntarios todo lo que puedas. Si en vez de poner un cartel en la pared puedes hacer que dos niños lo sostengan mientras ilustras algo que dice el cartel, que los niños lo sostengan y luego al terminar lo pones en la pared. Que ellos se mantengan activos es fundamental para que presenten atención y se sientan importantes.

Rota roles continuamente y a los chicos más inquietos que suelen distraer la clase, en vez de reprimirlos, conduce su búsqueda de protagonismo de manera adecuada. Asígnales tareas y diles que es importante que ellos te ayuden.

Siempre piensa en todas las maneras posibles que puedes involucrar a más niños voluntarios en tu clase.

67. ESTABLECE UN RITMO CORRECTO

Queremos que los niños aprendan todo lo que puedan aprender en la iglesia, pero no podemos avasallarlos con contenidos siempre cambiantes o demasiado intensos para su edad.

Los niños necesitan consistencia en los temas y repetición desde distintos ángulos para asimilar con mayor eficacia el contenido de una clase. Es mejor que aprendan cuatro versículos en un mes que ellos puedan entender a que aprendan 16 pero que solo quedan en un intento de memorización que no tiene sentido para ellos y que los frustra porque no logran aprender tantos versículos.

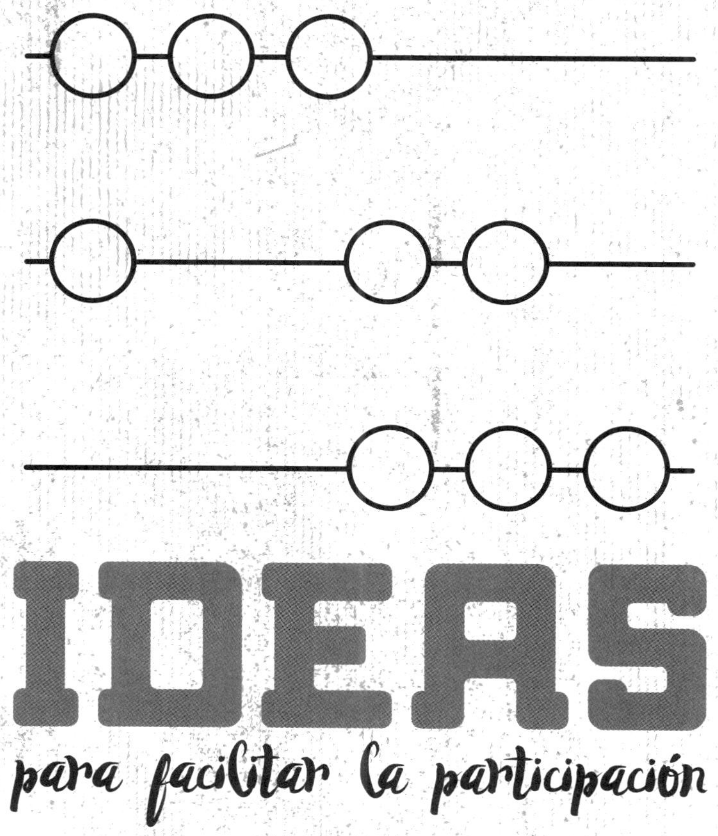

IDEAS

para facilitar la participación

68. LOS NIÑOS NO SON TAN SOLO RECEPTORES

Existen muchas historias en la Biblia que hablan de cómo niños sirvieron al Señor. Samuel es un gran ejemplo de eso. Samuel sirvió aun a su corta edad junto con el sacerdote Elí en el Tabernáculo y fue porque Dios lo quiso así. Es vital que podamos proveer la oportunidad para que los niños puedan servirse y compartir lo que saben unos con otros.

Cuando en la iglesia creemos que los que nos toca es solamente tener un buen espectáculo para los niños y ellos solamente tienen espacio para ser espectadores, donde les decimos que se queden quietos y callados y nos vean a nosotros... fracasamos.

Necesitamos enseñarles a nuestros niños que cada seguidor de Jesús tiene la responsabilidad de servir a otros y esto no se logra solo diciéndolo sino dándoles la oportunidad de hacerlo y valorando que ellos comenten y quieran ser protagonistas de lo que pasa.

Nuestra tarea es levantar una generación de niños que crea que servir es parte vital de su caminar cristiano. Los niños están esperando la oportunidad de hacerlo y claro que

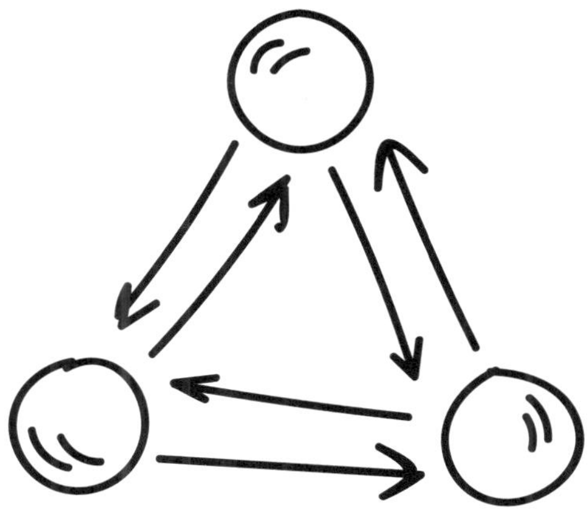

te va a tomar trabajo, tiempo, entrenamiento, y supervisión. ¡Pero vale la pena!

69. INVOLUCRA SU CREATIVIDAD EN LA PLANIFICACIÓN

No tengas miedo de involucrar a los niños en la planificación. Cuéntales algunas ideas generales y déjales completarlas con sus ideas propias.

Prepárate a escuchar algunas ideas bastante alocadas y algún que otro disparate, pero no es problema. El solo ejercicio de aportar ideas incentiva su creatividad y les ayuda a sentirse parte. No desmerezcas ninguna idea y devuélveles preguntas de cómo lo harían.

¡Si algunas de sus ideas entran en el programa se sentirán super importantes!

70. LLEVA EL CANTO A OTRO NIVEL

La mayoría de los niños ama cantar así que no dudes en usar esta afinidad natural de ellos como un beneficio para tu ministerio.

Algunas posibilidades para potenciar este punto de contacto son:

1. Crea un coro y tómatelo en serio con un programa de ensayo y algunas presentaciones.

2. Recluta a un profesor de canto que enseñe en la iglesia. Si esa persona necesita trabajo que cobre menos porque tú le das el lugar y el mercadeo, pero esta puede ser otra iniciativa para conectarte con el barrio y la comunidad a la vez que un servicio a tus niños.

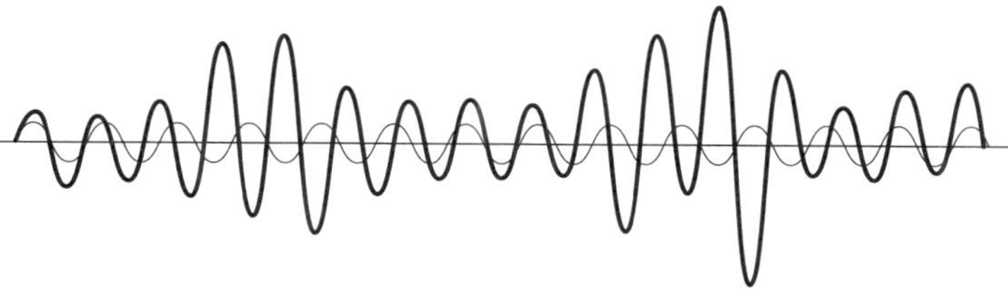

3. Haz un video mensual con las canciones y coreografías, así los niños pueden ensayar desde casa.

4. Súmalos al equipo de alabanza e imprime camisetas que los distinga. Utiliza colores vivos y diseños divertidos.

71. EL EQUIPO DE BIENVENIDA

Crea un equipo encargado de darles la bienvenida a los niños nuevos. Enséñales que ellos juegan un papel muy importante haciendo este rol porque pueden hacer sentir bienvenidos a los niños que lleguen por primera vez.

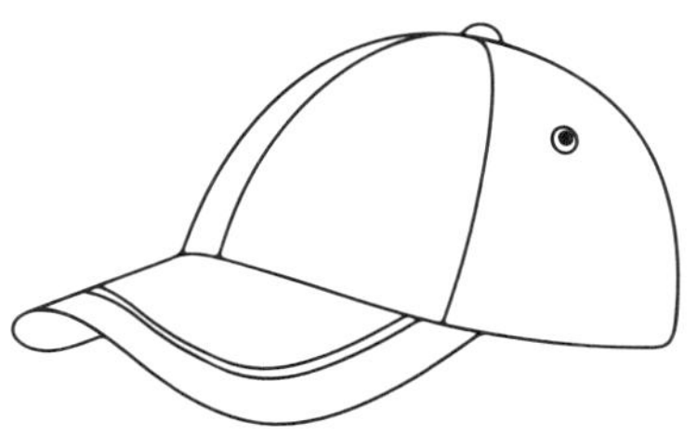

1. Haz una sesión de entrenamiento para los nuevos integrantes del equipo de bienvenida.

2. Imprime su nombre en una etiqueta o lámina para cada uno de los miembros del equipo.

3. Dales un brazalete, una gorrita, crea una cinta en el brazo o algo especial que los identifique.

72. EN EL BACKSTAGE

Hay niños que llegan antes o se van tarde porque sus papás tienen alguna responsabilidad en la iglesia. ¡Esta es una oportunidad que puedes aprovechar! Si llegan antes, no los hagas esperar. Invítalos a ayudarte en la preparación de los materiales y la clase o la reunión y si se quedan más tarde que te ayuden a acomodar y conversa con ellos mientras lo hacen y agradéceles.

Usa esta oportunidad para hacerles preguntas y dejarlos hablar libremente, eso facilitará que cuando tú hablas en la clase, ellos te quieran escuchar.

73. ELLOS SABEN DE TECNOLOGÍA

Hay niños que saben mucho mejor que algunos adultos cómo manejar ciertos dispositivos. En muchos casos ellos son más diestros en estas áreas que un adulto. Los niños pueden ayudar en el sonido y el área técnica. Hoy en día la tecnología es parte de la vida de los niños.

1. Provee entrenamiento práctico a los niños que quieran servir en esta área.

2. Busca tener niños que se puedan enfocar y seguir instrucciones durante el servicio.

3. Provee supervisión de un adulto cuando se requiera.

74. CREA UN GRUPO DE DRAMA O BAILE

Los talentos de los niños son variados y diversos, así que procura tener diferentes opciones donde ellos se sientan involucrados. Una buena opción es tener un equipo de drama o baile, utiliza estos grupos para que sean parte de la lección o eventos especiales.

1. Programa un ensayo semanal de drama para los servicios del fin de semana. Procura que esté coordinado con alguna actividad donde los papas asistan. Recuerda que los niños dependen de ellos.

2. Provee el guión y los diálogos con suficiente anticipación antes de su actuación, así tendrán suficiente tiempo para memorizar y no sentirse inseguros cuando sean sus presentaciones.

3. Forma un equipo de voluntarios mayores como los adolescentes a quienes los niños se pueden reportar al menos 30 min antes de su participación. Los líderes pueden ayudar a repasar sus diálogos con ellos y asegurarse que todo estará a tiempo.

JUEGOS
rápidos

75. CARRERA DE RELEVOS DE ZAPATOS

Que todos los niños se quiten un zapato (o ambos según el tiempo que tengas) y los apilen en el medio del salón. Divide al grupo en cuatro equipos iguales y envía a cada equipo a una esquina distinta del salón. A tu señal, un solo miembro de cada equipo corre a buscar sus zapatos, ponérselos, atarlos y regresar a su equipo y tocarle la mano a otro miembro para que corra a buscar los suyos. El equipo ganador es aquel que todos sus miembros tengan sus zapatos puestos primero.

76. LA BARBA DE MOISÉS

Necesitas:

- Al menos 3 latas de crema clásica para rasurar (No gel)

- Toallas

Anuncia que necesitas al menos seis voluntarios (o pueden ser más según la cantidad de latas que tengas). Arma tres parejas y que uno de los chicos se siente en sillas mirando al resto del grupo y al otro de cada pareja dale la lata (Puedes hacer alguno sorteo chistoso también para decidir quién se sienta y a quién le das la lata). Pide a los que están sentados que se coloquen las toallas alrededor de su cuello.

Luego la consigna es que quienes tienen la lata deben crear la mejor barba de Moisés en su pareja de los chicos sentados. Esta actividad no tiene tiempo asignado así que dales unos 5 min para que terminen la mejor barba. Haz que el resto del grupo escoja la mejor barba y luego, ya sabes cuál es el tema de tu clase...

77. CASCOS ESPACIALES

Necesitas:

- Guantes de goma (quirúrgicos). Esos que se pueden inflar como globos.

Involucra el mayor número de participantes, tantos como el número de guates que tengas. Dale un guante a cada niño. Pídeles que se coloquen el guante en la cabeza cubriéndose hasta la nariz, evitando cubrir la boca. Luego diles que prueben inflarlo un poquito solo para probar y luego que lo desinflen para esperar tu señal y hacerlo todos al mismo tiempo. A tu señal pídeles que inflen el guante con la nariz y según la edad de tus niños o la consistencia de los guantes, tienes dos posibilidades:

1. Si crees que lo pueden explotar, que lo inflen hasta que alguno explote y ese es el ganador.

2. Si no crees que puedan explotarlo, dales un tiempo asignado que puede ser un minuto o dos y cuando vuelves a dar la señal, el niño que haya hecho el globo o «caso espacial» más grande, gana. El resultado es genial. Ten lista la cámara.

78. LOS PERDEDORES SON GANADORES

Necesitas:

- Cuatro números escritos en papel o cartón o las tarjetas de algún juego con los números 1 al 4

- Cuatro regalos

Escribe los números 1, 2, 3 o 4 en cada pieza de papel pequeño, un numero por pieza de papel o consigue cartas de algún juego clásico de cartas con los números 1 al 4. Dale un papel con los números a cuatro niños y explícales que ellos deben de guardar esos números en sus bolsillos sin

decirle a nadie que los tienen y sin decirles a los demás lo que va a pasar.

Ten lista música movida y hazlos a todos poner de pie y explica que deben moverse por el salón esquivando a los cuatro niños voluntarios mientras dure la música pero que cuando la música se detenga todos tienen que quedarse congelados dónde están. Haz que la persona con el numero 1 (el que seleccionaste con anterioridad) tome a un niño que está cerca del él (ella) y diga en voz alta el «nombre del niño(a) que fue «atrapado» y luego ese niño vaya a tu lado con él número que el otro niño tenía y no juegue en la siguiente vuelta. Haz lo mismo con los siguientes tres números.

Al haber atrapado a cuatro niños y que todos tengan la impresión de que ellos fueron los que perdieron, saca los cuatro regalos y que preferiblemente estén numerados y dale a cada uno el que le corresponda y abran su caja de sorpresa. Todos los niños estarán sorprendidos de que ellos son los que reciben el regalo y si el premio es bueno, mucho mejor.

Luego puedes hablar de Mateo 20:16 y enseñarles a los niños que los valores del reino de Dios muchas veces están al revés de lo que el mundo cree.

79. INTRODÚCEME

Necesitas:

- Papel
- Algo para escribir

Este juego es una muy buena opción para hacer que los niños se conozcan entre sí cuando hay muchas caras nuevas en el grupo. Divide a los niños en grupos de dos personas. Procura mezclarlos un poco para que sus parejas sean niños que no conocen.

Cada jugador necesita algo para escribir y una hoja de papel. Dales a los equipos unos minutos para saludarse y conocerse uno con el otro y después, das en tus palabras la siguiente instrucción:

«Necesitas conocer mejor a tu compañero de equipo y lo que quiero que hagas ahora es una introducción falsa de tu compañero. Por ejemplo, Martin es astronauta. Le gusta hacer deportes acuáticos, pero sin mojarse. Su comida favorita se encuentra en la sección de comida para mascotas.»

Da instrucciones claras y precisas y explica de entrada que las descripciones deben ser las que a ellos les gustaría recibir y entonces no valen las ofensas o comentarios mal intencionados. El nivel de carcajadas solo será excedido por la increíble imaginación de los niños. Deja que usen el papel y comiencen a escribir la biografía falsa de su compañero de equipo. Para compartir, si tienen tiempo, haz que los niños lean en voz alta quien son ellos.

80. MANCHA EN CÁMARA LENTA

Esta es otra versión del juego más famoso del mundo. Es una simple tocada o mancha, según de dónde seas. La idea es que uno de los jugadores debe correr a los demás para tocarlos y cuando toca a uno éste tiene que correr a los demás; y así sucesivamente hasta que uno de los jugadores es tocado tres veces y recibe un castigo.

Hay miles de variaciones, pero ésta es de la siguiente manera: al sonar el silbato todo debe hacerse en cámara lenta, el correr, el hablar, el reírse, todo, y el que no lo hace pierde.

Quizás los niños deban practicarlo un poco pero pronto comenzarán a hacer todos los movimientos bien exagerados y es muy divertido.

Asegúrate que todo sea hecho en cámara lenta, si alguien no lo hace así, debes penarlo de alguna manera. Se puede jugar en cámara lenta todo el tiempo o puedes hacer sonar el silbato para comenzar y para terminar los períodos de cámara lenta. Limita el tamaño del área de juego así todos podrán ser en algún momento el que tiene que tocar a los demás.

81. PATO. CERDO. VACA

Este juego funciona mejor con grupos de 20 o más

Necesitas la misma cantidad de papelitos que tienes de niños y dividir esos papelitos en 3 y en unos escribir pato, en otros cerdo y en los que quedan, vaca.

Mete los papelitos mezclados en una bolsa o una caja de cartón y que cada niño saque uno y vea cuál animal le tocó sin decirle nada a nadie. Luego diles que vas a apagar la luz y el propósito del juego es que hagan los sonidos de los animales que les tocaron lo más fuerte que puedan y deben encontrar a los animales de su especie y quedarse juntos hasta que estén todos.

Apaga las luces y diles que caminen alrededor haciendo los sonidos y traten de localizar a alguien de su grupo haciendo el mismo sonido y cuando se junten sigan haciendo el ruido hasta que vayan juntándose todos los que hacen el mismo sonido. Una vez que se encuentren con otro miembro de su equipo, deben de quedarse juntos y seguir buscando a miembros de sus equipos, aunque si ya creen que están todos pueden sentarse en el suelo dónde estén.

Después de unos minutos prendes las luces y ahora puedes contar cuál es el equipo que tiene a todos en el mismo lugar y ese es el que gana, o solamente usar esta dinámica para armar equipos que vas a seguir usando el resto de la clase.

Variaciones

- Usa diferentes tipos de animales

- Pueden ser sonidos que hacen con las manos en vez de gritando

- Asígnales cosas como: comida, dulces o colores y haz que los griten cuando apagues la luz

82. LA MEDIA ETIQUETA

Necesitas:

- Etiquetas para nombres
- Algo para escribir
- Tijeras

Este juego funciona mejor con un grupo mediano. Antes de la reunión, escribe varios animales en las etiquetas, 

uno por cada una y corta cada etiqueta en dos piezas. Haz diferentes tipos de cortes como zigzag, curvas, etc.

Cuando los niños lleguen, haz que cada uno seleccione una pieza y encuentren la otra mitad de su etiqueta. Para hacerlo más divertido puedes agregar nombres de super héroes o de cosas que hagan sonidos particulares, una vez que se encuentren con su compañero pídeles que hagan el sonido del animal o representen al personaje que les tocó.

83. LATAS SALTARINAS

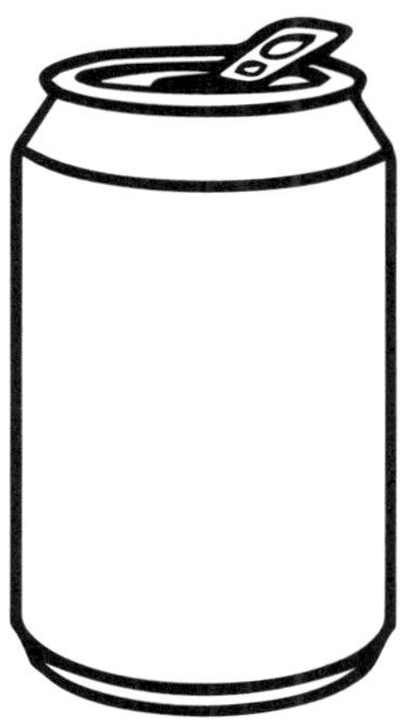

Divide tu grupo en dos equipos y posiciónalos uno en cada mitad del salón, o área de juego, y provisiónalos con muchas pelotitas de plástico que pueden ser todas iguales o distintas. Entre los dos equipos debes designar una zona de un 1½ mts. de ancho con docenas de latitas de sodas o gaseosa vacías paradas en el medio.

El objetivo es: voltear las latitas para lograr empujarlas al campo del equipo contrario, sólo con las pelotitas (sin entrar, ni cruzar la línea del área de latas, ni patearlas ni usar las manos). Entonces después de unos 2 minutos, el equipo con menos latitas en su mitad de salón será el ganador.

Puedes jugar varias rondas hasta llegar a un ganador si los divides en más de dos equipos.

84. LOS MEGA ANILLOS

Este juego es igual a los juegos tradicionales de las ferias, con la excepción de que, en este caso, algunos de tus niños serán las botellas y los anillos serán aros de hula-hula.

Adapta este juego para que sea adecuado a tu grupo o

evento. Forma equipos de dos para que se lancen los anillos uno al otro y ve incrementando la distancia entre las parejas a medida que se van eliminando a los que no embocan, después de tres oportunidades en la misma distancia.

También puedes colocar a los jugadores en una línea frente a un grupo de voluntarios que sean las botellas, y dales la oportunidad de tirar tres veces para embocar y ganar puntos. (Las botellas que estén más lejos valdrán más puntos).

85. LOQUERO GENERAL

Esta es una variación de clásico juego dónde hay una silla menos que la cantidad de jugadores que tienes.

Prepara un circulo de sillas, una para cada jugador, excepto por uno de tus niños que se va a sentar en el «trono» o «la silla del castigo» (Siempre es una buena idea darles un nombre dramático y chistoso a los lugares distintos). Todos deben estar sentados y el niño que comienza el juego en ese asiento especial debe nombrar alguna característica que esté presente en el grupo. Por ejemplo: «Todos los que tengan zapatos blancos», y todos los jugadores que compartan esta característica se deben levantar y cambiar de sillas entre sí. El niño, que estaba en la silla del castigo, también deberá correr a sentarse y robarle su asiento a otro.

Cuando todas las sillas se ocupen, algún jugador quedara parado; y éste será el que elija la siguiente característica a nombrar, y así sucesivamente.

Si ninguna característica común viene a la mente, el que este niño debe gritar es «Loquero General» a lo que todos los jugadores deben levantarse y cambiarse de silla. El jugador que pierda tres veces recibe un castigo o prenda.

86. LA MANCHA EN SILLA

Forma grupos de a cuatro. Tres de estos jugadores deben agarrarse las manos fuertemente formando una «silla» y el cuarto se sienta encima. Escoge un grupo para que sea quien comienza persiguiendo a las demás «sillas» para tocarlos. (algunos le llamamos «la mancha», otros le dicen «la quedas»). Estos deben correr a los otros grupos y el que está sentado en el medio debe tocar a otro que esté sentado también.

La clave está en que el del medio dirija al resto del grupo y se pongan de acuerdo para cazar a su víctima. Los otros triángulos, por supuesto, deben tratar de no ser tocados, manteniéndose dentro de los límites de la cancha (que deben estar marcada o determinada antes de que comience el juego).

Cada tanto, cambia los roles de cada silla de manera que todos puedan estar sentados en el medio una vez.

Además de ser un juego muy divertido, puedes usarlo para hablar de humildad y cooperación.

87. ¿LOS VISTE?

En tu sala de reuniones o salón de clases seguramente hay cajones, cuadros, mesas y muebles. Esconde 20 cosas que puedan ser vistas sin tener que abrir ningún cajón ni correr ningún mueble de lugar. Por ejemplo: un lápiz puede esconderse en el marco de una puerta asomando una  punta, un billete puede estar debajo de la pata de un sillón con una de las esquinas hacia afuera, un botón puede estar pegado con cinta adhesiva a la manija de la puerta, una cinta de cabello puede estar atada a la pata de una silla.

Haz una lista de los objetos que escondiste y sácale fotocopias a esa lista y dale una para cada jugador o si tienes una pantalla puedes dejar la lista puesta en la pantalla.

Asegúrate de que en tu copia tu recuerdes dónde escondiste cada cosa, pero no la muestres hasta el final. Cuando los niños estén listos para jugar, entonces entrégales las copias. Designa una cantidad de tiempo determinada y déjalos que busquen cada objeto de la lista. No tienen que remover los objetos, simplemente describir dónde están escondidos. El ganador será el que encuentre la mayor cantidad de objetos en el tiempo predeterminado. Si el lugar es muy grande, con muchos muebles y cosas, puedes dividir el grupo en equipos para buscar los objetos escondidos

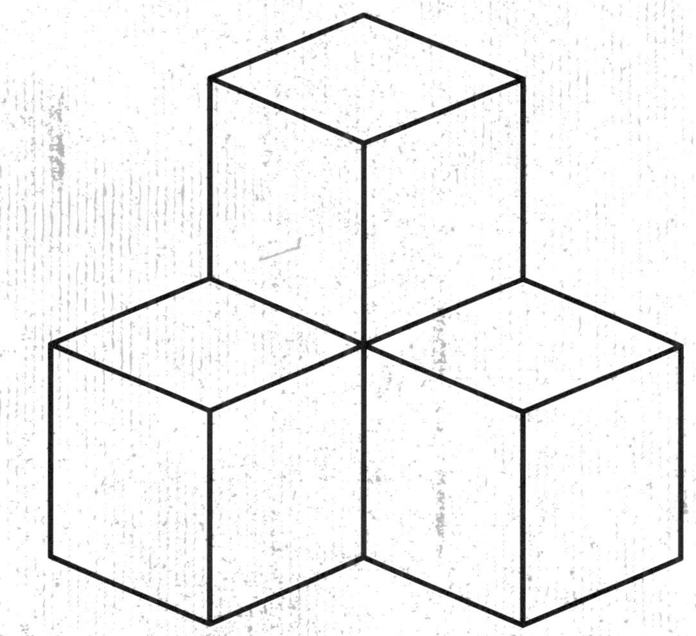

lECCIONES

con objetos

88. EL SEMÁFORO DEL CUERPO

Esta es una lección que sirve de prevención de abuso sexual infantil.

Como instructores de la palabra debemos enseñar a nuestros niños la importancia y el valor de nuestro cuerpo y que hay partes de su cuerpo que no deben ser tocadas por ninguna persona o dónde solo sus padres o un médico en situaciones especiales podrían tocar.

El versículo clave es 1 Corintios 3:16-17

¿No saben que ustedes son templo de Dios y que el Espíritu de Dios habita en ustedes? Si alguno destruye el templo de Dios, él mismo será destruido por Dios; porque el templo de Dios es sagrado, y ustedes son ese templo.

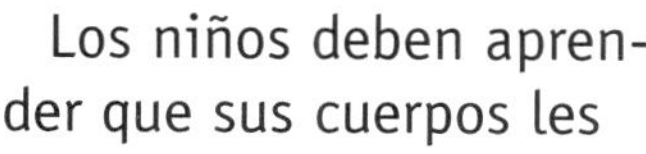

Los niños deben aprender que sus cuerpos les pertenecen a ellos y a Dios. Dios les dio la autoridad para cuidar su cuerpo y también tienen que respetar el cuerpo de los demás y un semáforo puede ser una buena ilustración para que aprendan cómo cuidar distintas áreas mejor.

Saca un semáforo hecho en papel o muéstrales una foto de uno o usa un video de cómo funciona un semáforo. Otra opción si tus niños son muy pequeños es que tengas uno dibujado en blanco y negro para que ellos coloreen y pinten para comenzar la lección.

Verde. Las partes de tu cuerpo que pueden ser tocadas con mayor libertad. Cabeza, brazos, pies, manos.

Amarillo. Las partes que solo tus padres pueden tocar. Glúteos, bocas, pecho.

Rojo. Las partes que nadie debe ni ver ni tocar salvo un médico o los padres en los niños más pequeños. Genitales.

Déjales saber que ni los adultos ni los niños más grandes deben tocarles sus genitales ni deben forzarlos a ellos tocarle los genitales a otra persona.

Debes aclarar al niño que sus papás son sus protectores, y que si sienten que alguien está tocando o viendo sus partes rojas tienen que pedir ayuda a sus papás para detener a la persona que lo está haciendo.

Enséñele al niño que su palabra tiene poder. Que cuando se sienta amenazado o incómodo que diga un fuerte NO. Salga corriendo a pedir ayuda y se lo diga a sus papás o incluso debes estar preparado para que algún niño eventualmente exprese que se siente incómodo con alguno de sus padres o familiares y entonces debes hablar con el pastor.

Para prevenir el abuso sexual infantil debemos enseñarles a nuestros niños que su cuerpo es valioso y que es el templo de Dios y no podemos asumir que ellos están listos para diferenciar cómo les tocan los mayores y por eso esta lección es muy importante.

89. TOY STORY 2

Busca la película Tony Story 2 para mostrar una escena durante la clase.

En esta película clásica, Woody, el cowboy y personaje principal, no sabe que él es un juguete de colección con un precio invaluable y «Al» – un coleccionista y dueño de una tienda de juguetes– quiere robar a Woody para poder completar su colección de Vaqueros.

Con un comprador japonés enojado, «Al» intenta hacerse muy rico con este negocio y Buzz Lightyear y el resto de los juguetes están cerca para rescatar a Woody y necesitan encontrar la manera de cómo hacerlo antes de que Woody sea llevado a un museo en Tokio.

La película (2 min)

Dale play: 0:15:02 «Woody, me resbalo»

Dale stop: 0:17:23 «Porque se robarían a Woody»

La conexión bíblica la tienes Éxodo 20:1-7; Deuteronomio 5:6-22, Mateo 6:19-21,24, Efesios 4:28.

- Sin buscar en la Biblia antes, pregúntale a los niños acerca de los diez mandamientos y luego lee los 10 mandamientos mencionados en Deuteronomio 5:6-22 o Éxodo 20:1-17. Pregúntales a los niños ¿Cuáles son los mandamientos más fáciles de recordar y cuáles son los más difíciles?

- Pregunta ¿Los 10 mandamientos están en algún orden en particular? Por ejemplo, ¿Del más importante al menos importante o todos tienen la misma importancia para Dios? ¿Por que piensas esto?

- ¿Porque la gente roba? Lean Efesios 4:28. ¿Porque razón el robo está implicado en este verso? ¿Cuál es la conexión entre aburrimiento y mal comportamiento?

- Luego puedes leer Mateo 6:19-21 y preguntarles acerca de lo que valoran y también ¿Cómo una persona guarda tesoros en el cielo?

- ¿Qué cosas no materiales una persona puede robar de otra?

- ¿Que daña más – ¿Perder algo material (como dinero, un video juego, etc.) o algo que no se puede tocar? Explica la razón de tu respuesta.

90. BOTELLAS

Pon una botella boca abajo y pide que la soplen para que se caiga. Cuando lo logren dale vuelta y pide que intenten hacer lo mismo (les costará mucho más, si es que lo pueden hacer).

Este sencillo experimento te servirá para demostrar y explicar la importancia de tener una buena base, la cual se logra conociendo la palabra de Dios y buscando consejos de personas sabias como sus padres.

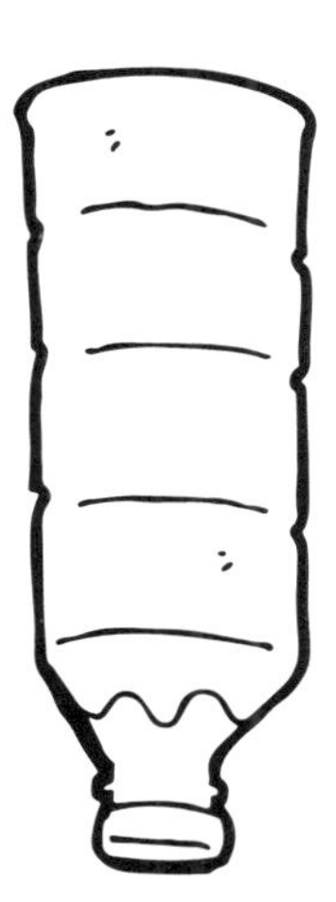

91 LA ENSALADA DE FRUTAS

Necesitas:

- Frutas como: manzanas, peras, naranjas, plátanos, etc.
- Cuchillo (ten cuidado al momento de usarlo)
- Tabla para picar
- Recipiente para poner la fruta picada
- Vasos desechables

Pídeles una semana antes a cada niño que para la siguiente clase traigan una fruta que les guste. Cuando lleguen a la clase indícales que pongan las frutas todas juntas. Empieza a picar las frutas enfrente de ellos y si consideras que es seguro, pídeles que te ayuden con la supervisión de algunos voluntarios.

Una vez que tengas todas las frutas picadas dentro del recipiente, pregúntales ¿De que esta compuestas esta ensalada? Y luego lee 1 de corintios 12:4-6, 12-26

Al terminar de leer, sigue con las preguntas: ¿Cómo creen que se relaciona esta ensalada con los dones y talentos que Dios nos dio?

Explícales que cada uno de ellos es parte importante del cuerpo de Cristo y que todos son distintos pero el cuerpo o la ensalada estaría incompleta sin ellos. Así como la ensalada de frutas al combinar todas las frutas tienes un sabor único, así sucede cuando sumamos a diferentes personas en un solo proyecto o trabajo. El sabor de cada uno es diferente pero indispensable para que puedan cumplir su objetivo.

Ayúdalos a pensar en lo que puede hacer cada uno y cómo lo que les gusta puede ayudar a otros y no importa si no tienes muchas respuestas. Independientemente de lo que digas, los estarás ayudando a considerar su lugar y su aporte.

Así como son importantes sus dones y talentos, también lo son lo demás. Ninguna persona es menos que otra y todos necesitamos de otros. No podemos menospreciar el talento de otra persona porque simplemente sea diferente al de nosotros.

Termina compartiendo la ensalada con los niños.

92. EL COLADOR

Necesitas:

- Un colador grande
- Un recipiente más grande que el colador
- Una jarra
- Agua
- Piedras pequeñas o bolitas (canicas)

De un lado, ten una jarra preferiblemente de vidrio o transparente con agua y algunas piedritas adentro para que los niños las vean y ten el colador con otro recipiente.

Diles a los niños que tú quieres tomar el agua, pero no quieres tomarte las piedras o las bolitas y que por eso vas a usar un colador.

Deposita el contenido del jarro con las piedras en el otro recipiente usando el colador y muestrales cómo el colador detiene las bolitas.

Este ejemplo te va a servir para hablar de cómo podemos limpiar lo que miramos y escuchamos para que no nos haga mal. Todos necesitamos «coladores» para no tragarnos lo que puede lastimarnos y el mejor de todos es la palabra de Dios. Puedes usar el Salmo 119:5, 1 Juan 1:7 o 2 de Corintios 10:3-4 según creas más conveniente.

93. CACAHUATES / MANÍ

Necesitas:

- Cacahuates con cascara

Esconde unos cacahuates en tus manos sin que los niños vean lo que tienes y dales algunas pistas de lo que es, por ejemplo, diciéndoles que les gusta mucho a los chimpancés (y puedes usar otros nombres exóticos de monos y simios). Deja que intenten averiguar y después de un rato muéstrales el maní.

Luego pregúntales ¿Cómo saben que hay un cacahuate dentro de la cascara y no una hormiga? (O cualquier cosa chistosa que se te ocurra). E insiste ¿Por qué tenemos la certeza de que hay un cacahuate dentro de esta cascara? Es porque sabemos que ese tipo de cascara esconde cacahuates adentro y así también sabemos la cascara que esconde un corazón entregado a Dios.

Luego puedes leerles Mateo 7:16 y 17 y cerrar con el fruto del Espíritu Santo descripto en Gálatas 5:22.

94. LA ARMADURA

Efesios 6:10-18 debe ser uno de los textos favoritos para clases con niños, en especial varones. Allí está la armadura espiritual del cristiano y ya el texto se explica por si solo, pero es una excelente idea hacerlo más tangible al conseguir una armadura verdadera para pensar en cada una de las partes mencionadas allí.

Si conseguir una armadura verdadera es demasiado difícil (aunque intenta conseguirla buscando en internet), busca un disfraz de caballero medieval o fabrícate una con algunos voluntarios adultos de la iglesia.

Claro que puedes recurrir a videos, películas o hacer manualidades o dibujos para ilustrar cada parte, pero tienes que asegurarte que usas esta excelente ilustración de la palabra de Dios.

95. EL IMÁN

Necesitas:

- Uno o más imanes
- Metales (clips, clavos, etc.)
- Papel y otros materiales de platico que puedas mezclar con los metales

Puedes ejemplificar como el amor Dios nos atraer a él, no importando donde nos encontremos, aunque necesitamos un corazón que sea atraído por el imán.

Puedes usar Oseas 11:4 o Juan 3:16 y mezclar los metales con los otros materiales y pasar el imán por arriba de los metales y los otros materiales y mostrarles como el metal se pega al imán, aunque los otros materiales no hagan nada.

Los imanes hacen varias cosas curiosas y son una excelente ilustración de cómo Dios nos atrae a él.

96. MOCHILA ESCOLAR

Prepara tu lección sobre las cargas pesadas que muchas personas suelen llevar e ilustra el mensaje con una mochila bien grande llena de cosas curiosas asignándole un significado a cada cosa que saques. Esta es una ilustración muy simple pero que puede ser poderosa y a la vez que permite que cada cosa que sale de la mochila sea una nueva sorpresa y una nueva lección.

Cada cosa saliendo de la mochila puede representar el temor, el pasado, un pecado sexual, la falta de perdón y muchas otras cosas que debemos sacar de la mochila y poner a los pies de la cruz.

97. EL COFRE DEL TESORO

Consigue un cajón grande que parezca de tesoros como los que buscaban o escondían los piratas y guarda allí muchas golosinas y dulces que los niños aprecien. Sácale un par de fotos al menos en tu teléfono y escóndelo en algún lugar de la iglesia antes de la clase y diles que en la lección de hoy ellos tendrán que buscar ese tesoro por toda la iglesia.

Divide al grupo al menos en dos equipos o quizás puedes hacer una competencia de niñas contra niños y dales una hoja de cuatro o cinco pistas que deben buscar para llegar al tesoro. Informa a otros líderes de la iglesia de que los niños andarán explorando por distintas partes del templo para que no interrumpan nada o para que interrumpan, pero los adultos los celebren y animen mientras buscan. Ten un par de voluntarios mayores con cada equipo.

Cuando un equipo encuentre el tesoro, todos los niños deben volver a la clase y comerse el botín para luego escuchar tu lección acerca de Mateo 6:21 y cuáles deben ser los tesoros que buscamos los hijos de Dios.

98. EL BORRADOR

Necesitas:

- Pizarra blanca o negra
- Plumones (fibrones) o tizas (depende del tipo de pizarrón)
- Un borrador según sea la opción anterior

Escribe en un pizarrón o pantalla una lista de cosas que hacen los niños hacen cuando se portan mal y que ellos te ayuden dándote ideas. Luego ten listo el borrador que sería ideal que tuvieras en una caja y lo saques como que es algo muy importante, y cuando des la clase ejemplifica como el perdón de Dios borra los errores.

Lee con ellos Juan 3:17 y Efesios 4:32 explica que cuando nos equivocamos debemos pedirle perdón a Dios para que borre nuestro pizarrón.

99. VIDEO GAMES POR EQUIPOS

Consigue una consola de video games de las que estén de moda y un juego divertido que se juegue de a dos en el modo de que pierdan pero que siempre vuelva empezar sin que se cancele el juego.

Consigue una TV lo más grande que puedas o usa un proyector y una pantalla y esta vez ponlos en el medio del frente para que todos vean lo que va a pasar.

Separa a todo el grupo en dos equipos (O según el juego pueden ser 3 o 4) y la idea es que se pongan en fila y todos jueguen solamente 30 segundos y le pasen los controles al de atrás y así hasta que se termine el tiempo y se pueda ver qué equipo hizo más puntos.

Comienza con un jugador de cada equipo en los controles y el resto del equipo parado a unos metros. Los jugadores tienen 30 segundos para jugar (controla el tiempo con un cronómetro) pasados los 30' tu das la señal y el siguiente jugador, de cada equipo, corre a tomar los controles (tratando de no perder ninguna vida en el cambio de jugadores). Cuando todos o los que tu decidas (que pueden ser un numero predeterminado en cada equipo los jugadores tuvieron sus 30' la ronda termina y se anota el puntaje que cada equipo obtuvo.

Juega cierta cantidad de rondas predeterminadas según el tipo de juego y al final el que más puntos juntó será el ganador. O que los jugadores sigan rotando hasta que pierdan o se termine el tiempo.

La vida es un juego de equipo a dónde a veces nos toca tomar la iniciativa, pero en otras nos toca depender de otros y nuestra tarea es animarlos.

Puedes usar 1 tesalonicenses 5.11, hebreros 10:24, 1 Corintios 4:6, 2 Corintios 2:14.

100. LA LUZ Y LA OSCURIDAD

Necesitas:

- 2 hojas en blanco para cada niño

- Crayones o lápices de colores

Reparte una hoja de papel a cada niño y dales algunos materiales para dibujar y explícales que tú les vas a dar cierto tiempo que pueden ser 2 minutos para dibujar lo que tú les vas a decir ni bien suene un silbato o tu les des la señal.

Al momento de la señal indícales que dibujen una casa o un carro o si son un poco más grandes quizás que se dibujen a ellos mismos. Lo importante es que terminen su dibujo en esos dos minutos, pero asegúrales que vas a darle un premio al que dibuje mejor para que se esfuercen.

Al cumplirse el tiempo, que cada niño le ponga su nombre al dibujo y te lo entregue.

Ahora reparte la segunda hoja y explicarles que van a hacer lo mismo, pero... con la luz apagada.

Si los niños son lo suficientemente grandes quizás puedes dejar el salón completamente a oscuras, pero si por seguridad o para que no se asusten prefieres dejar un poquito de luz, está bien. Lo importante aquí es que se les haga difícil hacer su dibujo.

Al terminarse el tiempo indicado y cuando todos hayan terminado que también le pongan su nombre al dibujo y luego de eso, devuélveles el que habían hecho con luz para que los comparen.

En la mayoría de los casos y sobre todo si la luz estaba realmente apagada, la diferencia será muy notoria.

Premia como prometiste algún niño por su dibujo y luego tienes el escenario ideal para hablar de la importancia de dibujar nuestra vida a la luz de Jesús.

Lee Juan 8:12

«Una vez más Jesús se dirigió a la gente, y les dijo:

—Yo soy la luz del mundo. El que me sigue no andará en tinieblas, sino que tendrá la luz de la vida.»

5
trampolines
de creatividad

1. DERROCHA GRACIA † = ♡

2. CUIDA LOS DETALLES

3. MODELA ESFUERZO

4. TRABAJA EN EQUIPO

5. SÉ VALIENTE

Una de las razones principales de por qué suele faltar creatividad en muchos grupos de personas de todo tipo es porque quienes son parte de ellos no perciben que hay espacio para el error. Es decir, todos tienen temor a equivocarse y que se los regañe o que se burlen de ellos y eso coarta la expresión y la creatividad. El temor es uno de los principales enemigos de la creatividad y el único antídoto contra el temor es el amor incondicional y la gracia que echan fuera el temor a expresarnos.

Enséñale a tus niños que entre los cristianos podemos «equivocarnos en confianza» y algo puede salir mal y no es ninguna tragedia.

A distintos roles distintas reglas y el ministerio de niños no es el lugar para que todo sea profesional y salga bien, sino que debe ser un refugio para que el perfume de la gracia haga que cualquier mal olor pase desapercibido.

La gracia es el primero y más poderoso trampolín para la creatividad de tu grupo.

Cuida los Detalles

Seguramente escuchaste por ahí que hay que hacer las cosas con excelencia, pero no muchos explican que eso no quiere decir que las cosas si o si tienen que ser perfectas ni tampoco se suele señalar que la excelencia se crea con pequeños detalles y no necesariamente los más vistosos. Por ejemplo. Demasiados líderes ponen toda su atención en lo que sucede en el escenario, pero no en lo que sucede en la entrada al saludar a los que recién llegan y ambas cosas tienen un impacto poderoso.

Siempre piensa en cada detalle de lo que sucede en tu ministerio y presta atención a lo que aparentemente nadie ve.

Modela el Esfuerzo

Liderar es un privilegio que se gana sirviendo y los mejores líderes no le piden nada a sus liderados que ellos no estén dispuestos hacer. Claro que eso no significa que tú tienes que hacer todo, pero si significa que cuando les pides algo no es por comodidad o porque consideras que tú eres demasiado importante como para hacer esa tarea. Muestra esfuerzo y ellos se esforzarán. Muestra compromiso y ellos se comprometerán

Trabaja en Equipo

Si un ministerio depende de una sola persona es un ministerio débil, no importa cuantos asistentes haya en ese grupo. Cualquier tipo de éxito será aparente y

pasajero. El verdadero éxito tiene que ver con fidelidad a una misión y la misión de un ministerio cristiano a los niños es el discipulado que acompaña a la madurez en Cristo y por eso en casi todas las ideas de este libro damos a tender que es fundamental que los niños sean los protagonistas del ministerio y no solamente el público de un gran líder.

Trabaja en equipo con ellos, con otros líderes que sean buenos para lo que tú no eres bueno. Suma padres e incluso abuelos y apoya a otros ministerios de la iglesia. Dios nos hizo para vivir en comunidad y la calidad de tus relaciones es la verdadera calidad de tu vida.

Tus niños y tu equipo se animarán a practicar la fe en la medida en que la vean en acción en tu vida. Demasiados ministerios se estancan porque, aunque tienen líderes que son buenas personas y tienen buenas intenciones, pero son líderes demasiado preocupados por la crítica o el fracaso o tienen un apetito exagerado por agradar a todo el mundo. Juégatela y se la jugarán quienes te siguen. Anímate a equivocarte y a ser criticado y ellos se animarán también. Equivocarse no es sinónimo de pecar. A veces las cosas salen mal pero nunca sabremos si funcionan si no probamos. Los que hay que hacer es medir costos y si el costo es simplemente que alguien piense que te equivocaste, ¿Qué importa? La historia no la escriben los que saben hacer las cosas sino quienes las hacen.

Sé parte de la mayor COMunidad de educadores cristianos

Sigue en todas tus redes a

CAPACITACIÓN MINISTERIAL ONLINE DE PRIMER NIVEL

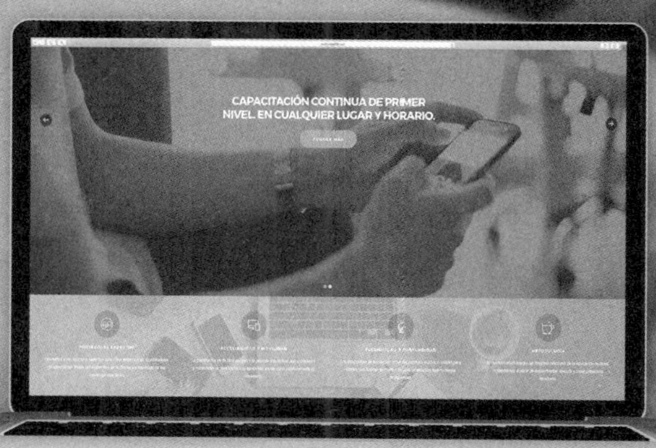

CONOCE TU CAMPUS ONLINE

www.institutoE625.com

E625 te ayuda todo el año

ALGUNAS PREGUNTAS QUE DEBES RESPONDER:

¿QUIÉN ESTÁ DETRÁS DE ESTE LIBRO?

Especialidades 625 es un equipo de pastores y siervos de distintos países, distintas denominaciones, distintos tamaños y estilos de iglesia que amamos a Cristo y a las nuevas generaciones.

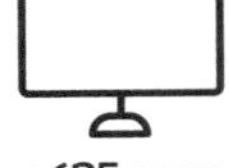

e625.com

¿DE QUÉ SE TRATA E625.COM?

Nuestra pasión es ayudar a las familias y a las iglesias en Iberoamérica a encontrar buenos materiales y recursos para el discipulado de las nuevas generaciones y por eso nuestra página web sirve a padres, pastores, maestros y líderes en general los 365 días del año a través de **www.e625.com** con recursos gratis.

zona de contenido
PREMIUM

¿QUÉ ES EL SERVICIO PREMIUM?

Además de reflexiones y materiales cortos gratis, tenemos un servicio de lecciones, series, investigaciones, libros online y recursos audiovisuales para facilitar tu tarea. Tu iglesia puede acceder con una suscripción mensual a este servicio por congregación que les permite a todos los líderes de una iglesia local, descargar materiales para compartir en equipo y hacer las copias necesarias que encuentren pertinentes para las distintas actividades de la congregación o sus familias.

¿PUEDO EQUIPARME CON USTEDES?

Sería un privilegio ayudarte y con ese objetivo existen nuestros eventos y nuestras posibilidades de educación formal. Visita **www.e625.com/Eventos** para enterarte de nuestros seminarios y convocatorias e ingresa a **www.institutoE625.com** para conocer los cursos online que ofrece el Instituto E 6.25

¿QUIERES ACTUALIZACIÓN CONTINUA?

Regístrate ya mismo a los updates de **e625.com** según sea tu arena de trabajo: Niños- Preadolescentes- Adolescentes- Jóvenes.

¡APRENDAMOS JUNTOS!

e625.com

f 🐦 📷 ▶ /e625com